O MODELO DE DEUS PARA VOCÊ TER MUITO DINHEIRO

DR. C. THOMAS ANDERSON

O MODELO DE DEUS PARA VOCÊ TER MUITO DINHEIRO

O que é ter muito?

TRADUÇÃO:
Valéria Lamim Delgado Fernandes

Proclamação

Título original: Too Much Money God's Way

Edição original por Winword Publishing, Inc.

Supervisão Editorial: Oliver Conovalov
Tradução: Valéria Lamim Delgado Fernandes
Revisão: João Félix
Capa: Roger Conovalov
Projeto Gráfico e Diagramação: Roger Conovalov

Catalogação na Fonte do Departamento Nacional do Livro
(Fundação Biblioteca Nacional, Brasil)

Anderson, Thomas.
O moldelo de Deus para você ter muito dinheiro: o que é ter muito? / Dr. C. Thomas Anderson, tradução de Valéria L. D. Fernandes - São Paulo: Editora Proclamação Ltda, 2010.

Tradução de: Too Much Money God's Way
ISBN: 978-85-86261-06-0

1. Finanças 2. Desenvolvimento Pessoal

Rua Rafael Sampaio Vidal, 291 - Barcelona
São Caetano do Sul - SP - Cep: 09550-170
Fone: (11) 4221-8215
e-mail: contato@editoraproclamacao.com.br
www.editoraproclamacao.com.br

Uma nova perspectiva sobre o sentido de ficar rico

Sumário

INTRODUÇÃO

"Vão pelo mundo todo e preguem o evangelho." Praticamente todo cristão que nasceu de novo conhece bem estas palavras. Elas vêm de Marcos 16.15. Quase a partir do momento em que conhecemos Jesus, somos encorajados a compartilhar nossa fé com os outros. Essa é a Grande Comissão. Temos a responsabilidade de propagar o evangelho por todo o mundo.

O problema é que poucos de nós realmente entendem o que significa o evangelho. Para a maioria dos cristãos, é nada mais do que levar pessoas à salvação para que elas possam ir para o céu. Consequentemente, é só nisso que se resume o que eles pregam. Isso gera alguns problemas na vida da igreja hoje e no cumprimento da Grande Comissão.

Primeiro, as pessoas nascem de novo, e depois passam a vida lutando, sempre com contas a pagar, constantemente doentes e sobrevivendo com dificuldades. Depois se perguntam por que ninguém ouve a mensagem que pregam sobre o amor de Deus. Por que um Deus que ama permite que seu povo viva assim? Isso não faz muito sentido para possíveis candidatos à conversão. Por isso eles não se convertem.

Segundo, é difícil para qualquer pessoa sair pelo mundo quando ela não tem dinheiro suficiente para viver ou está doente demais para sair da cama. Para pregar o evangelho são necessários recursos e saúde, quer você esteja ajudando em sua igreja local ou indo para o campo missionário. Pessoas que vivem na pobreza não são muito convincentes quando pregam.

Felizmente, o evangelho não tem nada a ver com isso. Quando Jesus usou a palavra "evangelho", ele pretendia salvar muito mais do que somente a alma humana. Aquilo foi apenas o começo. Ele se propôs a devolver ao homem tudo o que se perdeu no jardim do Éden. Na verdade, é no jardim que vemos a primeira descrição do plano de Deus para nós.

Na primeira vez que vemos Deus lidando com a humanidade, a Bíblia afirma que ele os "abençoou", homem e mulher (Gênesis 1.28). A palavra "abençoou" no original em hebraico significa ser muito agraciado, ter muita saúde, ser próspero e cheio de alegria. É na cena do jardim que vemos como isso estava relacionado à existência física deles.

> *Ora, o SENHOR Deus tinha plantado um jardim no Éden, para os lados do leste, e ali colocou o homem que formara. Então o SENHOR Deus fez nascer do solo todo tipo de árvores agradáveis aos olhos e boas para alimento. E no meio do jardim estavam a árvore da vida e a árvore do conhecimento do bem e do mal.* (Gênesis 2.8-9)

O homem encontrou vida no jardim. Havia alimento para comer. A beleza que havia ali não tinha outra razão de ser senão porque era agradável aos olhos. Havia segurança e proteção. No hebraico, a palavra para "jardim" é *gan*, que significa um lugar que foi delimitado ou cercado. Era um lugar protegido.

"Éden" significa "alegria, êxtase, adornos, joias". No sentido literal, era um "jardim de prazer", um lugar de vida. Adão e Eva tinham tudo de que precisavam para se sentirem seguros, felizes, com saúde, cheios de alegria e prósperos. Eram abençoados. Esse jardim era a casa deles, o lugar onde viviam. Eles tinham tudo. Eles tinham vida.

Essa terra torna-se uma imagem da família uma vez que Adão e Eva começam a ter filhos. É um lugar de relacionamentos – Adão com Eva, ambos com seus filhos e a raça humana com Deus. É uma imagem profética da *ekklesia* do Novo Testamento, a igreja, onde os mesmos relacionamentos que consistiam em se dar e servir deveriam ser o modelo. É a partir deste lar, o Paraíso do Éden, que o evangelho deveria ser pregado.

A Bíblia nos diz que do lar deles fluíam quatro rios. Esses rios são uma imagem do que o evangelho representa.

> *No Éden nascia um rio que irrigava o jardim, e depois se dividia em quatro. O nome do primeiro é Pisom. Ele percorre toda a terra de Havilá, onde existe ouro. O ouro daquela terra é excelente; lá também existem o bdélio e a pedra de ônix. O segundo, que percorre toda a terra de Cuxe, é o Giom. O terceiro, que corre pelo lado leste da Assíria, é o Tigre. E o quarto rio é o Eufrates.* (Gênesis 2.10-14)

Primeiro, há a imagem simbólica de um rio. Ao longo da história, a civilização esteve ligada a rios. Eles são uma fonte vital de água sem a qual a humanidade não pode viver. No simbolismo, a imagem de um rio, *nahar* em hebraico, combina duas coisas: é uma força vital ou o sopro do divino, e representa movimento. Um rio ilustra uma força vital em movimento. Fluía vida do jardim.

Do rio do Éden se dividiam quatro rios. Entretanto eles representam mais do que simples braços. O hebraico mostra que eles são "nascentes" ou pontos de partida. Os quatro braços começam na vida do jardim.

O primeiro rio é o Pisom, que significa "aumento". De acordo com a descrição, ele flui pela terra de Havilá, onde há ouro. Pisom representa prosperidade.

O segundo rio é o Giom, que quer dizer "irromper, jorrar". Giom representa salvação. É irromper-se da escravidão do pecado.

O terceiro rio é o Hidéquel, o nome hebraico do Tigre. Significa "rápido". Ele descreve o curso rápido de uma flecha. É descrito como um rio que corre pelo lado leste da Assíria, e significa "bem-sucedido". Hidéquel representa sucesso.

O quarto rio é o Eufrates, a forma grega do hebraico Perat. Significa "frutífero". O Eufrates representa tempo compensado, o tempo que se torna frutífero, em vez de perdido.

Essas quatro ilustrações representam o alcance do evangelho. Ele é uma força vital em movimento que procede de Deus por meio da família, ou da igreja, e flui para o mundo na forma de prosperidade, salvação, sucesso e tempo compensado.

Isso explica por que podemos enviar missionários aos países do terceiro mundo e ver pessoas serem salvas, mas ainda permanecerem na pobreza. A salvação é apenas um quarto do evangelho. Quando pregamos o evangelho a toda criatura, devemos fazer muito mais do que declarar salvação. Também devemos declarar sucesso, prosperidade e tempo compensado.

Digo tudo isso porque há alguns anos Deus falou comigo de um modo muito claro. Enquanto eu escrevia *Deus quer que você seja milionário!*, Ele disse: "Muitos dizem ao meu povo que ele deve prosperar, mas ninguém o ensina como fazer isso." Muitas pessoas que leram isso pensaram que meu foco estava no dinheiro, não no evangelho. Mas a verdade é que você não pode pregar o evangelho como um todo sem ensinar as pessoas a viverem na abundância de Deus. Isso não tem nada a ver com dinheiro. Significa fazermos tudo o que Deus nos chamou para fazer sem termos que mendigar os recursos. Significa termos sucesso, em vez de sermos humilhados. Significa sermos eficientes, e não o contrário, com nosso tempo. Significa termos os meios para alcançarmos o mundo com a mensagem de salvação. Significa termos mais do que precisamos para realizar nossos sonhos. Significa termos mais sucesso e mais dinheiro do que realmente precisamos. O evangelho realmente significa ter muito. Se não tivermos em abundância, é impossível cumprirmos a Grande Comissão.

Aja corretamente

Há alguns anos, quando Deus falou comigo sobre a questão de ensinar as pessoas a prosperarem, Ele disse que se eu ensinasse o que Ele me havia dito, eu teria cem milionários na igreja em três anos. Ao longo dos três anos seguintes, realmente vi isso acontecer com 87 deles. Em quatro anos o número passou de cem.

O interessante, entretanto, é que um bom número deles não está mais ao nosso lado. A maioria ainda está conosco, mas a riqueza levou uma parte considerável deles para outra direção. Eles foram provados por seu sucesso e foram reprovados. Há um perigo inerente à riqueza.

A Bíblia diz que não devemos desprezar o dia das pequenas coisas (Zacarias 4.10). É importante que nossa capacidade de lidar com as riquezas aumente quando começamos a conquistá-las. Dinheiro rápido não é bom. Dinheiro fácil não é bom. Até que você consiga lidar com ele, ele pode destruí-lo. É importante que você saiba por que quer ter muito dinheiro.

Assim, é preciso entender algumas coisas sobre o dinheiro antes de tê-lo. Em primeiro lugar, temos que saber por que queremos tê-lo.

> *Em favor de meus irmãos e amigos, direi: Paz seja com você! Em favor da casa do SENHOR, nosso Deus, buscarei o seu bem.* (Salmo 122.8-9)

Nesse salmo de Davi, a palavra “paz” é *shalom* em hebraico, e significa “riqueza, bondade, saúde, prosperidade, favor, felicidade”. Prosperidade é outro significado para shalom. O sentido da verdadeira paz é a prosperidade em cada aspecto de sua vida. Toda vez que alguém diz *shalom*, ele está dizendo: “Prosperidade para você.” Está desejando a pessoa a quem está se dirigindo prosperidade, saúde, riqueza, paz e muita alegria. *Shalom* significa tudo isso.

Então, o versículo seguinte diz que Davi buscou o bem em favor da casa do Senhor. "Bem" é a palavra hebraica *tov*. Basicamente, tem as mesmas conotações que *shalom*. Na verdade, a NVI diz "prosperidade". Em favor da casa do Senhor, devemos buscar a prosperidade. Devemos buscar a bondade de Deus, como mostra a aliança com Abraão. Devemos buscar muita saúde, muita prosperidade, muita alegria, muita riqueza. Contudo, não devemos fazer isso por motivos egoístas, mas em favor da casa do Senhor.

Deus quer que tenhamos muita alegria para que ela transborde para outras pessoas. Se você não tem muita alegria, é difícil reparti-la. Deus quer que tenhamos muitas riquezas para que possamos usá-las com o intuito de servir a ele e aos outros. É imperativo que tenhamos essa verdade firmada em nosso coração. Buscamos muitas riquezas para a edificação do Reino de Deus.

Não estou dizendo que você não deve usufruir da riqueza. Quando o indivíduo tem muito, o que quer dizer que ele tem tudo de que precisa e tudo o que deseja. É fascinante ver como isso realmente funciona. O desejo de Deus é que sempre tenhamos muito para que possamos usar o que temos para o bem, mas também temos que aproveitá-lo.

Deus quer que sejamos uma luz radiante. Isso significa que temos de dividir o que temos. Se você está doente ou lutando para sobreviver, se você se sente oprimido ou está com depressão, ninguém quer nada disso. Mas quando você tem muito, vive em uma bela casa e dirige um belo carro, tem paz e saúde e sua situação financeira é estável, as pessoas querem imitá-lo. Elas começam a querer saber os motivos do seu sucesso. A chave é manter suas prioridades certas.

No início de seu ministério, Jesus disse:

> *Busquem, pois, em primeiro lugar o Reino de Deus e a sua justiça, e todas essas coisas lhes serão acrescentadas.* (Mateus 6.33)

Em outras palavras, se mantivermos o reino diante de nós, se colocarmos os princípios do reino em primeiro lugar em tudo o que fizermos, então as coisas que desejamos nos serão acrescentadas. Não deixe que elas o controlem. É você quem as deve controlar.

Se não lidarmos com a riqueza de maneira correta, então ela se torna nosso senhor. Quando Adão pecou pela primeira vez, a Bíblia diz que a terra se tornou maldita.

> *Maldita é a terra por sua causa; com sofrimento você se alimentará dela todos os dias da sua vida.* (Gênesis 3.17)

Não é que Deus tenha amaldiçoado a terra, porém a terra não mais produziria seus frutos sem que houvesse trabalho. Em outras palavras, a maldição foi esta: "Você trabalhará para a terra."

O plano maior de Deus, no entanto, é quebrar a maldição. O segundo Adão, Jesus Cristo, veio para nos colocar novamente na posição de termos a terra trabalhando para nós, assim como era no jardim antes do pecado. Entretanto, Adão tinha de trabalhar e cuidar do jardim antes da queda, então não era uma simples questão de trabalhar ou não. Trabalho é bom. Mas, antes do pecado, a terra produzia frutos para Adão e ele vivia na bênção. Depois do pecado, o trabalho perdeu seu sentido e se tornou mais uma questão de sobrevivência. Passou a ser uma luta, em vez de uma alegria.

Muitas passagens das Escrituras citadas por pessoas que não creem que Deus deseja prosperidade para seu povo foram, na verdade, escritas para tratar de nossa motivação para buscar riquezas. Uma dessas passagens está na carta de Paulo a Timóteo.

> *Pois o amor ao dinheiro é a raiz de todos os males. Algumas pessoas, por cobiçarem o dinheiro, desviaram-se da fé e se atormentaram com muitos sofrimentos.*
> (1 Timóteo 6.10)

O que realmente aconteceu? Essas pessoas estavam na fé, mas então algo que estava em seu coração veio à tona e fez com que tomassem outra direção por causa de sua cobiça. A fé não era mais importante para elas, somente a busca de dinheiro. E começaram a ser controladas por suas posses. Tudo que seu dinheiro podia comprar começou a afastá-las da Palavra, da igreja e do crescimento em Cristo. O dinheiro pode fazer isso.

Mas isso não faz do dinheiro algo ruim. Na verdade, o dinheiro não é bom nem ruim. É apenas uma ferramenta. Não é um objeto a ser elogiado. Não é um objeto a ser colocado acima de nosso conhecimento de Deus. Temos de acabar com esses pensamentos e fortalezas, e sujeitá-los ou submetê-los à Palavra.

Observe que a passagem não diz que o dinheiro é a raiz de todo mal. O problema é o amor ao dinheiro. Não devemos amá-lo. Devemos amar a Deus. Quando mantivermos essa prioridade no devido lugar, Deus cuidará daquilo que o dinheiro pode fazer por nós. O dinheiro é uma ferramenta usada para a obra do Reino de Deus.

A cobiça levou aqueles que amavam o dinheiro a se desviarem. Ela estava cravada no coração deles e gerou muitos sofrimentos. Em alguns versículos mais adiante, podemos ver a solução dada por Deus. A solução não era que renunciassem à riqueza e ficassem pobres, mas que mudassem sua atitude e usassem o dinheiro com sabedoria.

> *Ordene aos que são ricos no presente mundo que não sejam arrogantes, nem ponham sua esperança na incerteza da riqueza, mas em Deus, que de tudo nos provê ricamente, para a nossa satisfação.* (1 Timóteo 6.17)

Para não se desviar da fé por causa da cobiça, não seja arrogante. Não seja orgulhoso. Não se deixe envolver por bens materiais. Não deixe que as posses controlem você. Não confie em riquezas.

Não há problema algum em você ter muitas riquezas, desde que sua confiança não esteja no que está no banco ou em seus bens. Sua confiança precisa permanecer em Deus. Na verdade, o que se diz especificamente neste versículo é que Deus "de tudo nos provê ricamente, para a nossa satisfação".

Há centenas de anos a religião tem usado este versículo contra o Corpo de Cristo para dizer que não deveríamos enriquecer. Deveríamos simplesmente continuar pobres. É claro, então, que não é preciso lidar com a cobiça. Infelizmente, a ganância não se limita somente aos ricos. Algumas das pessoas mais gananciosas que existem também são as mais pobres. A questão é a atitude do coração. A mesquinharia manterá o indivíduo pobre.

> *Há quem dê generosamente, e vê aumentar suas riquezas; outros retêm o que deveriam dar, e caem na pobreza.* (Provérbios 11.24)

Uma característica fascinante da riqueza é que ela engrandece o que já está em nós. Muitas vezes as pessoas dizem: "Bem, se eu tivesse muito dinheiro, ajudaria os outros." Se você diz isso, só está se enganando. Se não pode fazer algo pequeno, você nunca fará algo grande. Se não pode ajudar com o que tem agora, não ajudará em nenhuma outra ocasião. Isso simplesmente não acontecerá. Se você é mesquinho sem dinheiro, será mesquinho quando tiver. Na verdade, você será ainda mais mesquinho do que nunca. É preciso lidar com os problemas que têm dentro de você agora; do contrário, nunca chegará ao próximo nível.

Esse versículo em Provérbios não diz que aqueles que dão generosamente são ricos. Simplesmente diz que eles estão dispostos a semear e abrir mão daquilo que têm, e que isso faz as riquezas aumentarem. Aqueles que se agarram a mais do que é certo terão pobreza. Suas riquezas não vão durar. Vão descer pelo ralo.

O que é certo? É prudente ter uma determinada quantia de dinheiro no banco para eventuais problemas. Contudo, quando as pessoas começam a acumular centenas de milhares, de milhões ou de bilhões, isso chega ao ponto de ser ganância e não é mais adequado. Deus deseja que sejamos ricos pelas razões corretas. Do contrário, a riqueza será a causa de nosso fracasso.

CAPÍTULO 1

O Capitalismo nos Estados Unidos

Os Estados Unidos são mais ricos do que qualquer outro país do mundo. Somos apenas quase a décima sexta parte da população mundial, mas temos metade da riqueza mundial. A pessoa mais pobre nos Estados Unidos, a que vive em um barraco de papelão à margem de um rio, tem mais bens do que dois terços das pessoas do mundo. Ela tem acesso a mais comida, melhores roupas e melhores serviços de saúde.

A fonte de toda essa riqueza é simples. É o capitalismo. É importante que identifiquemos exatamente o que é capitalismo. Segundo o *Dicionário Houaiss*, capitalismo é um "sistema econômico baseado na legitimidade dos bens privados e na irrestrita liberdade de comércio e indústria, com o principal objetivo de adquirir lucro".

Essa é a razão pela qual chamam os Estados Unidos de terra das oportunidades. Todo o sistema econômico é planejado a fim de permitir a participação de qualquer indivíduo. E o resultado é um nível de prosperidade que nenhum outro país na história conhece. E direi aqui que o capitalismo é um sistema bíblico. Veremos isso com clareza enquanto o examinarmos.

Durante os últimos quatrocentos anos nos Estados Unidos, quase todos puderam ter bens. Neste exato momento, o norte-americano pode ter um carro. Ele pode ter terras. Pode ter um negócio. Por decisão privada, ele pode comprar coisas e tê-las como seus bens. Essas coisas não pertencem ao governo, nem à igreja, nem à nobreza. Pertencem a ele.

Você já percebeu que isso não acontece na maioria dos países? Há apenas duzentos anos, na Europa, um cidadão comum não tinha terras. Mas o nobre tinha. Ele dava a um indivíduo um pedaço de terra para trabalhar e depois lhe cobrava impostos até deixá-lo extremamente pobre a tal ponto de todo seu dinheiro e sua colheita serem entregues ao dono da terra. Aquele era o sistema normalmente aceito por todas as culturas do mundo.

Os únicos lugares onde isso mudou são os países que foram colonizados pelos americanos, onde as pessoas começaram a entender que o indivíduo tem direito à posse de bens. Nos Estados Unidos, isso sempre fez parte do ideal, foi o sonho americano. Desde os primeiros anos de colonização, as pessoas foram incentivadas em todos os sentidos a terem suas próprias terras.

Era costume somente os proprietários de terras terem permissão para votar. Isso pode parecer discriminação hoje, mas era considerado uma motivação dada pelo governo para que as pessoas tivessem suas terras. Sem dúvida, nos primeiros anos dos Estados Unidos, era fácil fazer isso. O indivíduo podia se estabelecer em um lote cedido pelo governo, empilhando pedras nos quatro cantos do terreno e assinando os documentos (ou fazendo um "x" se não soubesse escrever). Para ter um pedaço de terra, tudo do que ele precisava era disposição para trabalhar e cultivar o solo. Quem era preguiçoso não tinha propriedades. Quem se empenhava em trabalhar em sua terra era ambicioso. Ter terra mostrava que o indivíduo tinha transparência, disciplina e responsabilidade. Era esse o sonho, e, nos Estados Unidos, era fácil realizá-lo.

O capitalismo, por definição, está baseado no esforço privado com interferência limitada do governo. Quanto maior o governo se torna, mais difícil é para o capitalismo se expandir. O perigo de um governo de grande envergadura é que as oportunidades existentes na terra da oportunidade diminuem à medida que a dependência do governo aumenta.

O sistema de previdência social é um bom exemplo. No momento, discute-se a privatização do sistema, tirando-o das mãos do governo e colocando-o no controle da empresa privada. O sistema original foi instituído por industrialistas cujo principal interesse era que suas fábricas tivessem uma grande oferta de operários sem ambições pessoais nem materiais. Eles queriam pessoas que trabalhassem pelo resto da vida por um salário relativamente inflexível e, no momento da aposentadoria, recebessem da previdência social uns 1.400 dólares por mês para sobreviver. Com esse valor, nos Estados Unidos , não dá para comprar uma casa ou um carro. Na verdade, mal dá para comprar comida e alugar um apartamento.

Quanto maior o governo se torna, mais difícil é para o capitalismo se expandir.

Compare isso com o que poderia ter acontecido se um *Baby Boomer** tivesse usado todo o dinheiro que pagou à previdência social durante os últimos quarenta anos e simplesmente o aplicasse na Bolsa de Valores. Por mais volátil que seja o mercado, aquele dinheiro ainda valeria de três a quatro milhões de dólares na aposentadoria. A diferença entre esses dois sistemas é que, no primeiro, o governo assumiu a responsabilidade por sua aposentadoria e, no segundo, a responsabilidade é toda sua. É hora de a responsabilidade voltar para o indivíduo. O governo só fez mal uso do dinheiro e gastou tudo.

Não estou usando esse exemplo para tentar incitar algum movimento político. Pelo contrário, quero mudar algumas percepções que temos. As pessoas não gostam de prestar contas nem de ter responsabilidades. Na verdade, elas não querem ser forçadas a tomar decisões e depois ter de responder por elas. Preferem que outra pessoa faça tudo isso por elas.

Vejo isso nas igrejas o tempo todo. Prego que toda pessoa é responsável por suas próprias decisões e ações. Se eu começasse a ensinar que Deus é o único responsável por tudo e que

* N.T.: Pessoa que nasceu durante um período de alto índice de natalidade a partir do final da Segunda Guerra Mundial.

ele simplesmente vai mandar dinheiro para você e cuidar de tudo sem nenhum esforço de sua parte, o crescimento da igreja seria duas vezes mais rápido. As pessoas querem ouvir que Deus irá torná-las ricas, mas não querem ouvir que elas têm de fazer algo primeiro.

É por essa razão que tantas pessoas aderem a práticas religiosas. Elas querem que alguém lhes diga exatamente como viver. "Faça isso" e "não faça aquilo". Tudo o que eu precisaria fazer para que a igreja crescesse mais rapidamente seria dar-lhe um monte de ideias que eliminassem toda liberdade de escolha, e as pessoas viriam em massa. Elas não querem ser responsáveis por seu comportamento. E, principalmente, não querem ser responsáveis por suas finanças.

No entanto, isso não é bíblico. De acordo com as Escrituras, você deve prestar contas. Se você comete pecados, isso lhe custará algo. Há um preço a ser pago. Você tem o livre-arbítrio, mas isso significa que você é responsável pelas escolhas que faz. Todas as outras religiões do mundo e muitas seitas do cristianismo são uma forma de governo que rouba a responsabilidade e a liberdade do indivíduo. Contudo, não era assim que Deus queria que o sistema funcionasse quando o instituiu.

Você tem a opção de escolher em todas as áreas de sua vida. Você pode escolher se vai ou não fazer alguma coisa. Pode escolher o céu ou o inferno; a doença ou a saúde; a pobreza ou a prosperidade.

No sistema capitalista não há nada que o impeça de obter riquezas. Se você não está tendo essa oportunidade, não é por causa da repressão do governo nem porque Deus quer que você seja pobre. Isso acontece por uma única razão – você escolheu ignorar as oportunidades à sua volta. Todo o sistema como nossos "Pais Fundadores" o imaginaram, está instituído de modo a nos tornar responsáveis. Você não tem desculpa. O perigo de recusarmos nossa responsabilidade é que entregamos o dever de prestar contas às mãos do governo que fica cada vez maior e, então, perdemos as oportunidades. Devemos ter cuidado.

Os Estados Unidos fizeram uma experiência com o socialismo antes e os resultados foram desastrosos. Na verdade, os Estados Unidos começaram como um estado socialista. Não durou muito. A Carta original a favor da colonização de Jamestown, assinada em 1606, exigia que todos os colonos juntassem suas colheitas para que todos pudessem retirar de um estoque comum quando fosse necessário.

O resultado foi que as pessoas começaram a trabalhar menos. Viam outros obtendo os benefícios do trabalho de outra pessoa e perguntavam: "Por que tenho que trabalhar tanto se quem não trabalha nem um pouco vai se beneficiar com isso?" Consequentemente, apesar de a colônia estar cercada de grandes quantidades de animais de caça, de alimentos e de vastos recursos naturais, quase todos os colonos morreram de fome. Somente uma parte sobreviveu depois do primeiro ano – 38, de 105 colonos. Quase 90% morreram no segundo ano.

O problema foi resolvido quando o governador, Sir. Thomas Dale, em violação direta à Carta, designou pedaços de terra a cada família e disse que eles só comeriam o que produzissem. "Se vocês não trabalharem, não vão comer." A colônia tornou-se próspera praticamente da noite para o dia. As pessoas sentiram-se motivadas.

Para as pessoas que criaram a Carta original, o fracasso se deu porque muitos dos colonos não eram religiosos. Elas apoiaram a expedição de Plymouth alguns anos depois e redigiram as mesmas exigências na Carta. Todos dividiriam igualmente tudo o que fosse produzido. Segundo elas, um grupo que estivesse se mudando para o Novo Mundo para fundar uma comunidade cristã, baseada na Bíblia, superaria o egoísmo e a falta de responsabilidade que prejudicaram os colonizadores de Jamestown.

O resultado, no entanto, foi exatamente o mesmo. A colônia quase morreu de fome até que o governador William Bradford, em violação direta à Carta, designou pedaços de terra a cada família e disse: "Se vocês não trabalharem, não vão comer." A produção aumentou surpreendentemente da noite para o dia. Todos se sentiram motivados.

Competição no mercado livre

A última parte da definição de capitalismo afirma que os preços, preço de produtos, produção e distribuição de bens são determinados pela competição em um mercado livre. O mercado livre é essencial e a competição é fundamental. A competição é o que leva os seres humanos a se sentirem motivados. Se tirar a competição de cena, você desmotiva o indivíduo. As pessoas, em geral, não trabalham se não forem obrigadas. São muito poucas as que se motivam o suficiente para dar o melhor de si se não houver nenhuma razão para isso.

Em nosso sistema de ensino hoje, a tentativa é de acabar com a competição. Muitos querem se livrar do sistema de notas. Não querem vencedores nem perdedores em atividades esportivas. Se fizermos com que os indivíduos cresçam sem nenhum senso de competição, eles serão bons operários, não competitivos, entediados e, o mais importante, dispostos a trabalhar por um salário miserável pelo resto da vida e não terão nenhum resultado para mostrar quando se aposentarem depois de uma vida inteira de trabalho.

As pessoas, em geral, não trabalham se não forem obrigadas.

A competição é sua principal motivação para o sucesso. É o que torna as empresas mais incisivas e melhores, e as faz crescerem. A competição é fundamental para seus filhos, e para você.

A terceirização do trabalho para outros países gerou algumas ideias interessantes sobre o modo como o capitalismo funciona. Muitas pessoas estão apreensivas com o processo, mas consideram alguns fatores. Primeiro, a terceirização traz um senso de prosperidade e a ocidentalização para outro país. Podemos considerar isso com o título de “dádiva”. Ela influencia aqueles países de maneira positiva.

Segundo, a terceirização nos força-nos, como norte-americanos, a nos tornarmos inovadores e criativos, e isso faz com que apresentemos novas ideias e novos negócios. Ela força os Estados Unidos a irem para cima novamente, em vez de permanecerem estagnados em um mercado não-competitivo. Infelizmente, nós, na maioria das vezes, só nos queixamos porque ela também nos força a prestar contas e a ser responsáveis.

Há um exemplo muito interessante de competição dentro das igrejas nos primórdios dos Estados Unidos que mostra a diferença entre dependência do governo e dependência de Deus. Nos primeiros anos dos Estados Unidos, a maioria dos Estados tinha uma igreja oficial sustentada pelos impostos estatais. Em Massachusetts e em Connecticut, por exemplo, era a Igreja Congregacionalista; na Virgínia, a Anglicana. Todos os clérigos recebiam salários do governo estadual. Se você pertencesse à outra igreja, como os batistas, querendo ou não, você teria que pagar dízimos para a igreja do Estado.

Após a Revolução Norte-Americana, foi decidido que essas igrejas deixariam de ter aqueles direitos e que seus líderes não receberiam mais salários do governo. Líderes cristãos devotos por todo o país prenunciaram que os Estados Unidos seriam julgados por Deus por abandonarem a igreja.

É óbvio que o país não abandonou a igreja. Os Estados simplesmente deixaram de dar preferência a qualquer denominação. Consequentemente, os pregadores não mais podiam contar com o governo para ter seu salário. Eles tinham de pregar bem; do contrário, as pessoas simplesmente iriam para outra congregação. Eles tinham de prover liderança espiritual que levasse as pessoas a acreditar que valia a pena permanecer naquela igreja. O resultado foi um reavivamento, que ficou na história como o Segundo Grande Despertamento, que atingiu um nível nunca antes visto nos Estados Unidos e jamais igualado desde então. O evangelho espalhou-se por todos os lados. A competição tornou-se boa para todas as denominações e provou que a dependência do Estado não era de fato muito saudável.

É claro que competição também implica tolerância. Quando um grupo de pessoas tenta aumentar sua liberdade à custa da liberdade de outro, passa-se a ter uma forma de socialismo prejudicial às liberdades que os Estados Unidos valorizam. A ACLU (American Civil Liberties Union, – União Norte-Americana de Liberdades Civis) deu um bom exemplo. Acredito nas liberdades civis e essa foi, no início, a razão para se criar a ACLU, que começou com boas intenções.

O erro foi surgindo com o desejo de restringir o direito de expressão a todos os cidadãos. As liberdades que eles tentam defender para si mesmos são válidas da mesma forma para todos os outros. Eles estão roubando minha liberdade quando exigem que a cena do presépio seja removida simplesmente porque ela os ofende. Ao fazerem isso, eles me ofendem. Isso não significa que iremos removê-la, mas que aprenderemos a ser tolerantes.

Todos têm uma escolha. Você pode optar por acreditar ou não. Você pode escolher a pobreza. Ninguém vai fazer com que você fique rico. Você tem a liberdade de se expressar contra a prosperidade. Você pode escrever todos os livros que quiser para testar e difamar a mensagem de prosperidade. Se você realmente quer ser pobre, vou ficar feliz em receber todo dinheiro que você quiser enviar para mim. Vou fazer bom uso dele na obra de Deus e você ficará o mais pobre possível.

Na igreja há um movimento para manter as pessoas na pobreza, o que, na verdade, só reflete um movimento anticapitalista. Trata-se de uma expansão para o governo maior, financiada pelos ricos para cuidar dos pobres. Isso significa "puna os ricos produtivos aumentando impostos para suavizar a vida dos pobres preguiçosos e improdutivos, e para levar a economia capitalista à falência e extinguir o espírito motivacional dos produtivos".

As liberdades que fazem dos Estados Unidos um país diferente não sobreviverão se essa tendência continuar. Precisamos detê-la agora e começar a fazer a vontade de Deus.

O sistema de castas

A maioria das sociedades tem algum tipo de sistema de castas, que significa classes sociais. Normalmente, na maioria dos países, sempre houve uma pequena classe de aristocratas, uma enorme quantidade de pobres, denominada classe baixa, e a classe média, formada por um pequeno grupo de empresários e comerciantes. Os aristocratas geralmente vivem da mão de obra da classe baixa.

Em grande parte dos países, é muito fácil definir as classes. Elas não se misturam muito umas com as outras. Você descobre qual é sua classe e une-se a ela. O sistema tem por objetivo manter os pobres em seu devido lugar – e mantê-los pobres.

É fácil se deixar envolver por tudo isso, mesmo nos Estados Unidos. Existe uma tentativa de manter uma espécie de estrutura social, embora seja mais sutil do que na maioria dos países, historicamente. É mais um esforço psicológico para fazer com que os pobres continuem acreditando que sempre terão de ser pobres, que não há nenhuma possibilidade de mudar sua situação. No entanto, os Estados Unidos não são de fato assim. O que os diferencia de outras nações é que qualquer pessoa pode subir para a classe mais alta se quiser trabalhar para isso.

Se voltarmos algumas centenas de anos ou mais, normalmente as pessoas de classes mais baixas não tinham sequer permissão para olhar nos olhos das pessoas das classes mais altas. Esperava-se que elas mantivessem sua posição e não se queixassem dela. Nos Estados Unidos, no entanto, um pobre pode olhar para um rico e dizer: "Posso chegar lá também O sistema de castas foi quebrado.

Eu disse anteriormente que o capitalismo é uma ideia bíblica, mas também é contrário ao sistema de castas. Jesus começou a quebrar o sistema de castas ao colocar todos no nível mais alto.

Cristo trazia a seguinte mensagem: "Quero que todos prosperem." Ele ministrou igualmente para ricos e pobres, sem distinção, e procurou abençoar a todos da mesma forma. O plano de Deus é este: que todos sejam bem-sucedidos.

Passei por essa transformação em minha vida. Deixei de ser extremamente pobre para chegar onde estou hoje. E ainda não cheguei ao máximo. Antes eu trabalhava para a terra, agora a terra trabalha para mim.

O plano de Deus é este: que todos sejam bem-sucedidos.

Deus não faz acepção de pessoas. Qualquer um pode fazer isso (o que eu fiz). Não importa qual seu grau de instrução nem de onde você veio. Muitos saíram de outros países porque viram as oportunidades nos Estados Unidos e, muitas vezes, são essas as pessoas que aproveitam ao máximo as oportunidades, ao contrário de muitos que nasceram aqui. Não importa. A oportunidade está ao alcance de quem estiver disposto a aproveitá-la, quem estiver motivado o suficiente para romper com a casta da pobreza e buscar as riquezas que Deus quer que todos nós tenhamos. Elas estão aí para quem estiver disposto a aceitar o plano de Deus e passar a ter a mente voltada para a prosperidade. Deus quer que você passe a arriscar um pouco mais, comece a usar sua fé e a crer quando ele diz que está à sua disposição. Uma vez acreditando nisso, você estará seguindo na direção correta.

CAPÍTULO 2

Tenha formação

Durante o último Natal, não tive alegria maior do que distribuir praticamente milhares de dólares a pessoas que eu sabia que passavam necessidade. Eu as abençoei e deixei o Natal delas muito melhor. Não fez diferença alguma o que recebi em troca. Isso não influiu em nada na alegria de dar. A verdadeira alegria resulta em vê-las desfrutarem do que pude dar. A verdadeira alegria resulta em poder ser uma bênção.

Creio que seja plano de Deus termos muito para que possamos influenciar a vida de outros e, assim, edificarmos seu Reino. Quando temos muito, é fácil darmos toda vez que há uma necessidade. Isso precisa ser um conceito e uma convicção plantados no fundo de nosso coração. O que temos não é por ganância nem por egoísmo, mas para que possamos compartilhar a vida que Deus nos tem dado.

Como vimos no capítulo anterior, a liberdade de escolha é uma parte integral do capitalismo. Ela não é tão comum assim em outras partes do mundo. É algo que nasceu nos Estados Unidos desde o início. É uma parte da verdade bíblica. Qualquer religião que roube sua liberdade de escolha ou sua liberdade para assumir responsabilidade é uma forma de governo corrupto. Nunca se esqueça disso. Você tem o direito de escolher certo ou errado. Não abra mão dessa liberdade de escolha, desistindo de seu dever de prestar contas e de sua responsabilidade. O dever de prestar contas é a única coisa que fará você crescer. Se você sempre puder pôr a culpa em Deus ou em outra pessoa por tudo, nunca crescerá. Só quando aceitar a responsabilidade e o dever de prestar contas por sua vida é que você crescerá como pessoa. Só então poderá ter sucesso em tudo que fizer.

É com isso em mente que quero discutir o sistema de educação nos dias de hoje. Precisamos reconhecer o que é formação. Do começo ao fim, a Bíblia trata de escolha, e, com a escolha, vem a responsabilidade de aprender a resolver problemas. Praticamente todas as histórias que conhecemos da Bíblia implicam, de algum modo, resolver problemas. Deus aproximou-se de Noé e disse: "Vai chover. Isso significa que você tem um problema para resolver. Você vai precisar de um barco e terá levar para o barco um casal de cada espécie de animais." Deus ajudou, mas Noé teve de resolver o problema.

A Bíblia trata de escolha, e, com a escolha, vem a responsabilidade de aprender a resolver problemas.

Golias escarneceu do exército israelita e todos os que estavam por perto ficaram assustados. Davi deu um passo à frente e resolveu o problema. Tudo na Palavra de Deus tem a ver com resolver problemas. Quanto mais entendemos assim, mais bem preparados estamos para isso. Na verdade, é impossível você prevalecer ou ser mais que vencedor se não tiver capacidade de resolver problemas. É isso que significa prevalecer. Você se depara com um obstáculo e imagina uma forma de superá-lo.

Quando falamos sobre formação, precisamos fazer uma distinção entre os que têm formação e os intelectuais. Há muitas pessoas por aí que passaram décadas na escola e são muito espertas, mas não têm uma gota de bom senso. Não conseguiam resolver sequer um problema quando a vida delas dependia disso. Elas têm muita informação, mas não convertem essa informação em sucesso na vida do dia a dia.

Os instruídos resolvem problemas. Os intelectuais não fazem outra coisa senão encontrar problemas. Ter formação não tem nada a ver com escola. Veja o que afirmou Mark Twain: "Nunca deixei minha escolaridade interferir em minha formação." Por favor, não me entenda mal: eu acredito na escolaridade. Não estou dizendo que deveríamos deixar de ir à escola. Isso é muito útil. Mas a vida escolar não irá ensiná-lo aquilo que você precisa para a vida ou a encontrar o cônjuge certo. A vida escolar não irá ensiná-lo a manter o casamento nem a educar filhos emocionalmente saudáveis e bem-sucedidos. Ela não irá ensiná-lo a manter relacionamentos nem a ganhar muito dinheiro. Ela ensinará fatos e informações, mas não a usar essas informações.

Os instruídos resolvem problemas. Os intelectuais não fazem outra coisa senão encontrar problemas.

Uma pessoa com formação tem capacidade de criar coisas novas, experiências novas e ideias novas. O intelectual tem a capacidade de criticar e usar coisas criadas. O intelectual abraçará árvores, mas irá morar em casas de madeira. Ele lutará para impedir que escavem a terra à procura de petróleo por causa dos efeitos sobre o meio ambiente, mas dirigirá um carro. Ele protestará contra a energia atômica, mas, mesmo assim, apertará o interruptor para acender uma luz.

Os intelectuais vivem no passado. Usam o presente, mas não podem mudar o futuro. Aprendem uma porção de fatos, mas são incapazes de resolver problemas.

É provável que todos nós já tenhamos feito a mesma pergunta quando estávamos na escola: "Por que tenho de estudar isso?" Meus filhos frequentemente chegam em casa e se queixam de alguma matéria que sabem que nunca usarão em nenhum momento na vida. Não são muitos de nós que alguma vez usaram álgebra ou física depois da formatura. Por que deveríamos perder nosso tempo com essas matérias?

A verdade é que o benefício não está na informação. Não tem a ver com o que aprendemos. Tem a ver com aprender a aprender. Se você desenvolver a capacidade de aprender aquilo que não quer saber, você poderá aprender o que quer saber. E você poderá aprender o que precisa saber para resolver problemas. Você aprenderá a pensar. É isso o que significa a verdadeira formação.

Para muitos, a verdade é que eles não tiveram o cuidado de aprender essa importante habilidade. Memorizavam apenas fatos suficientes para passar em um exame e se lembravam deles apenas tempo suficiente para obterem a nota. Eles nunca adquiriram o hábito de aprender de fato. Apenas memorizavam. Intelectualismo nada mais é do que você ir à escola para poder pegar um pedaço de papel que fará com que seja mais fácil conseguir um emprego. Ele fará isso por você, mas não irá ensiná-lo a resolver os problemas necessários para ganhar muitas riquezas.

Thomas Edison resolveu um problema, e isso mudou o mundo.

Talvez Booker T. Washington não seja lembrado o suficiente em nossa história. Mas ele mudou a história dos negros porque entendeu a diferença entre escolaridade e formação. Treinou e transformou gerações porque entendeu a importância da formação. Muitas coisas que Booker disse mostram claramente que ele sabia que era preciso mais do que simplesmente ir à escola se os alunos quisessem realmente ter sucesso na vida. Aqui estão algumas delas.

> *O sucesso deve ser medido não tanto pela posição que alguém alcançou na vida, mas pelos obstáculos que teve de ultrapassar enquanto tentava alcançar o sucesso.* (Booker T. Washington)

Em outras palavras, não importa aonde você chegou na vida. Trata-se do problema que você resolveu. Qual era o tamanho daquilo que você teve de enfrentar?

> *O mundo liga muito pouco para o que um homem ou uma mulher sabe; é o que o homem ou a mulher é capaz de fazer que conta.* (Booker T. Washington)

O que você faz é que faz diferença. Você consegue resolver um problema? Se você examinasse o mundo e resolvesse um problema que mudasse a vida das pessoas, você teria muito dinheiro. Thomas Edison resolveu um problema, e isso mudou o mundo. Ninguém continuou com o mesmo estilo de vida depois disso. Tudo o que você precisa fazer para ter sucesso na vida é resolver problemas. Bill Gates resolveu um problema – ele criou o Windows.

O grande perigo nos Estados Unidos, hoje, é que estamos produzindo intelectuais, mas não estamos produzindo pessoas com formação. Há um grande aumento em sessões de aconselhamento, números jamais vistos de psicólogos e psiquiatras, e há um influxo de pessoas em busca de aconselhamento, esperando que alguém resolva seus problemas porque elas mesmas nunca aprenderam a resolvê-los. Elas estão perdidas na vida sem ninguém para ajudálas. Não sou contra aconselhamento. Quando você precisa de ajuda, é de ajuda que você precisa. Mas, para ser eficaz, o objetivo do aconselhamento tem de ser ensinar as pessoas a resolverem o problema. Do contrário, elas farão aconselhamento pelo resto da vida e nunca vão mudar. Se aprenderem a resolver o problema, elas não vão mais precisar de aconselhamento.

Nosso cérebro é capaz de memorizar uma enciclopédia inteira de A a Z, cada palavra em cada volume. Você poderia aprender quinze línguas e, ainda assim, estaria usando uma fração de sua capacidade. Dizem que Einstein só usou cerca de 20% de seu cérebro. Uma pessoa, em média, usa 8%. Imagine quais seriam as possibilidades se pudéssemos usar aquela capacidade não usada, se pudéssemos simplesmente dobrar nossa capacidade atual.

O segredo é perceber que a questão não é ir à escola. Não é isso que faz de você uma pessoa com mais formação. A escola não irá deixá-lo rico. Fiquei doze anos no ensino fundamental e médio. Então passei quatro anos na faculdade e, depois disso, fiz mestrado e depois doutorado por treze anos. Tenho 29 anos de faculdade e, depois de todo esse tempo na escola, ainda não sei bem o que é estar casado. Ainda não sei bem o que é educar filhos. Ainda não consigo ganhar dinheiro suficiente para fazer muito mais do que sobreviver. Nunca aprendi na escola a resolver problemas. Precisei de formação, não de escola. Benjamin Franklin, em seu melhor sarcasmo, descreveu a diferença entre escolaridade e formação.

> *Ele era tão culto que conseguia chamar um cavalo em nove línguas diferentes, mas era tão ignorante que comprou um boi para montar.* (Benjamin Franklin)

Há um simples problema lógico proposto por um autor desconhecido que pode ajudá-lo a saber até que ponto você tem formação. A maioria das pessoas tem dificuldade com ele. Em um pedaço de papel, faça três fileiras de três pontos, como segue. O objetivo é ligar os nove pontos com quatro linhas retas sem tirar o lápis do papel.

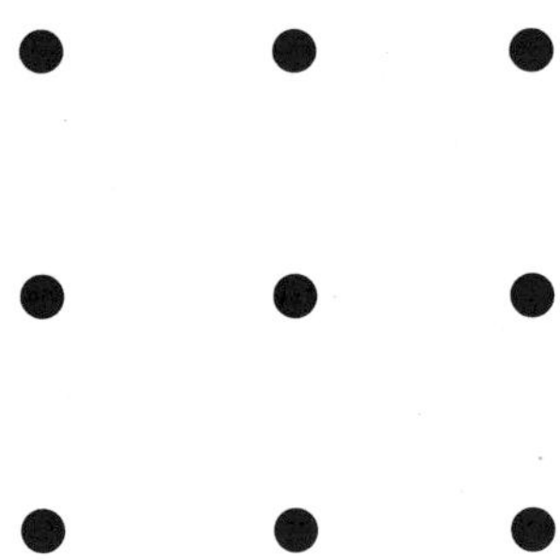

A solução, na verdade, parece muito simples quando você consegue vê-la, mas a maioria das pessoas não consegue resolvê-lo. O problema é que a vida na escola nunca nos ensinou a pensar em outra coisa que não seja na caixa. Ficamos restritos à borda imaginária que os pontos apresentam. Fomos ensinados a ficar dentro dos limites. Uma pessoa que tem formação consegue pensar além dessas limitações e propor a solução.

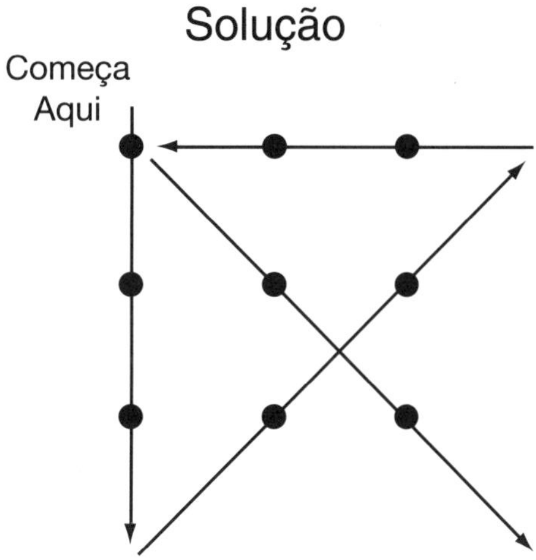

A escolaridade levou-nos a isolar o lado criativo de nosso cérebro. Isso fará com que você seja um excelente trabalhador, mas nunca saíra da caixa. Você passará a vida deixando outra pessoa rica e se aposentará sem nada.

A formação de Jesus

Jesus teve formação. Ele também foi intelectual. Lucas nos dá uma descrição interessante dos anos em que Jesus estava aprendendo. Seus pais levaram-no com eles ao templo para a Páscoa. Ao saírem, viajaram com um grupo de parentes e de conhecidos, e só perceberam que Jesus não estava com eles depois de um dia de viagem. Então voltaram para procurar Jesus e, três dias depois, encontraram-no no templo.

> *Depois de três dias o encontraram no templo, sentado entre os mestres, ouvindo-os e fazendo-lhes perguntas. Todos os que o ouviam ficavam maravilhados com o seu entendimento e com as suas respostas.* (Lucas 2.46-47)

Os mestres a quem o texto se refere eram os rabinos e escribas mais cultos de Israel. Eles tinham o hábito de se reunirem no pátio dos gentios durante a semana da Páscoa para debater e discutir muitos temas das Escrituras. O povo normalmente se reunia para ouvir esses discursos cultos e intelectuais. Era lá que Jesus estava ouvindo e aprendendo tudo o que podia. Ele fez muitas perguntas e mostrou um nível de entendimento que impressionou todos que o ouviam.

Jesus teve formação. Ele também foi intelectual.

Com isso podemos ver que Jesus era intelectual, ainda aos doze anos de idade. Ele estudou as Escrituras e conhecia o Antigo Testamento de trás para frente. Contudo, parece que não havia entendido muito bem o significado das palavras "honra teu pai e tua mãe". Não estou dizendo que Jesus pecou. Sabemos que ele não fez isso. Mas Lucas descreve um processo de aprendizado que se resume no último versículo do capítulo 2 com as palavras: "O menino crescia e se fortalecia, enchendo-se de sabedoria; e a graça de Deus estava sobre ele." Ele era totalmente Deus, mas também era completamente humano, e teve de aprender coisas enquanto crescia.

É claro que quando seus pais o encontraram, sua mãe o confrontou e ele prontamente se submeteu à autoridade dos pais e foi com a mãe. Esse foi um momento de ganhar entendimento. Nos dezoito anos seguinte, Jesus obteve formação. Ele se tornou um intelectual por volta dos doze anos de idade, mas, então, teve de aprender a aprender. Ele conhecia as Escrituras. Agora estava passando do entendimento para a aplicação das Escrituras.

É disso que o Corpo de Cristo precisa para aprender a resolver problemas. Tantos se intelectualizaram na Bíblia a ponto de não mais poderem entendê-la. Você pode ler a Bíblia do começo ao fim em um ano e, ainda assim, não ter nada. Pode até memorizar livro após livro, mas, se não tiver a revelação *rhema* que vem daquela Palavra de modo que ela possa se aplicar à sua vida diária, você estará fazendo apenas um exercício intelectual. Isso não o ajudará a resolver nenhum problema em sua vida, porque nunca descobrirá como aplicá-la no lugar onde você se encontra. Falta-lhe formação. Jesus era intelectual e tinha formação. Ele crescia em sabedoria.

Você pode ler a Bíblia do começo ao fim em um ano e, ainda assim, não ter nada.

Jesus ia crescendo em sabedoria, estatura e graça diante de Deus e dos homens. (Lucas 2.52)

A palavra "sabedoria" usada aqui é *Sophia*, que significa "atencioso, discreto, prático, preparado, tanto material quanto espiritualmente". Isso quer dizer que Jesus entendia os caminhos do mundo. Ele tinha habilidades práticas e cresceu nelas.

A palavra "estatura" é *helikia*. Refere-se a um tempo específico na vida, significando, em parte, que ele evoluiu, porém, o mais importante, ele chegou à maturidade. Significava que ele havia chegado à posição em que os outros eram mais importantes do que ele mesmo.

Em seguida, o versículo diz que ele cresceu em graça. "Graça" é a palavra *charis*, que normalmente é traduzida dessa forma. Significa que ele tinha as qualidades associadas na Bíblia à graça. Ele era agradecido, feliz, bondoso e conhecia bem as ferramentas de que precisava para ter êxito. Jesus saiu da infância com formação e transformou o mundo com novas ideias, como "graça, não lei" e "vida, não morte" ou "saúde, não doença" e "alegria, não tristeza". Essas eram ideias novas para o mundo, novas experiências que começaram a transformar geração após geração e ainda estão transformando o mundo hoje.

Jesus teve formação, e agora você tem a mente de Cristo. Uma nova ideia, um problema resolvido e você poderá transformar gerações inteiras. Tenha formação. Jesus teve.

Instrua a criança

Usemos essa ideia de formação e comecemos a aplicá-la nos negócios. Há um princípio que tem funcionado ao longo da história; na verdade, ele funcionou antes que houvesse a história. Aqui está um princípio básico.

No princípio, Deus criou o céu e a terra. O Espírito Santo pairava sobre a face do abismo, esperando que a palavra fosse dita. Então Deus disse: "Haja luz." A luz, na verdade, foi o esclarecimento e o poder da razão, e, naquele momento, apareceu Jesus. Sabemos em João 1.10 que ele também participou da criação. Em uma descrição muito simples, este foi o início do mundo.

É este o princípio que quero que você veja. Deus teve a ideia. Jesus montou o programa. O Espírito Santo fez a obra. Houve um processo distinto para que as coisas acontecessem.

Se eu puder usar meu ministério como exemplo, o mesmo princípio é válido. Como pastor sênior, tenho uma ideia. Eu a compartilho com minha esposa, Maureen, e meus filhos, Scot e Jason, que cuidam da administração da igreja. Eles montam o programa e depois o apresentam à equipe. A equipe realiza o trabalho.

O problema que acontece com muitos empresários é que eles tentam criar a ideia, formular o programa e fazem sozinhos o trabalho. Isso se aplica a qualquer coisa que você tente construir. Você não pode formar uma igreja, uma empresa ou um ministério sem entender esse princípio. Por melhor que seja a ideia, se você não souber implementá-la, ninguém jamais se beneficiará com isso. Uma grande parte do processo de resolver problemas envolve trabalhar com outras pessoas para que o trabalho de fato seja realizado.

Os antigos gregos provavelmente foram os maiores intelectuais da história. Ainda estudamos a filosofia que eles escreveram há milhares de anos. Eles estudaram tudo. Ficavam sentados durante semanas seguidas em um concílio, discutindo os mais elevados assuntos que pudessem. No entanto, tal informação não tinha aplicação prática na vida. Aquela sociedade não existe mais porque não conseguiu resolver problemas necessários para a sobrevivência. A memorização de fatos não fará de você uma pessoa de sucesso. Segundo o historiador e escritor Henry Brooks Adams, "nada na instrução é tão espantoso quanto a ignorância que ela acumula no formulário de fatos inertes".

Mais uma vez, não há nada de errado em ir à escola. Obtenha um diploma. Ele é útil. Mas também não esqueça de ter formação. Não esqueça de aprender a pensar. Aprenda a resolver problemas. Isso não é uma acusação contra o sistema de ensino. É um incentivo para que você vá além do que aprende na escola. Observe o que Provérbios diz sobre a educação dos filhos.

> *Instrua a criança segundo os objetivos que você tem para ela, e mesmo com o passar dos anos não se desviará deles.* (Provérbios 22.6)

O versículo está falando sobre instrução, não sobre escolaridade. Ele não diz: "Mande seu filho para a escola para que ela possa educá-lo." Instrução não é, na verdade, responsabilidade do sistema de ensino. É responsabilidade dos pais. Devemos ensinar nossos filhos no caminho em que eles devem andar. Em outras palavras, devemos ensiná-los a levarem uma vida feliz e melhor. Isso significa que temos de ensiná-los a terem respeito, a não serem egoístas e a terem autocontrole e autodisciplina. Essa instrução começa no momento em que eles nascem. Ensiná-los a usarem o banheiro é uma forma de autocontrole. Ensiná-los a comerem sozinhos faz parte dessa instrução. Tudo o que você faz com um filho deveria ser instrução. Você está onde está por causa de sua instrução.

Meu pai foi um velho lenhador muito sábio. Ele nunca terminou o ensino fundamental, mas teve uma grande formação. Ele me ensinou a pensar por mim mesmo e descobrir o que era certo e o que era errado.

Quando eu estava no nono ano, por exemplo, tive um professor que, por acaso, veio morar conosco. Eu não gostava muito dele porque ele ficou com meu quarto. Em uma ocasião, estávamos na aula de educação física, jogando voleibol, quando esse professor cortou a bola para baixo e acertou uma menina do meu time, fazendo o nariz dela sangrar. Saíram algumas palavras de minha boca que não vou repetir agora, mas, em essência, eram o seguinte: "O que você está tentando fazer? Você quer matar alguém?"

É claro que aquelas palavras não foram muito bem recebidas. Ele me puxou para o lado e gritou comigo, e, uma vez que ele morava conosco, meu pai naturalmente ficou sabendo do ocorrido.

Meu pai chamou-me de lado e me pôs sentado. Ele disse:

– Filho, você provavelmente fez o certo do jeito errado. Ele pode ter errado no que fez, mas isso não cabe a você, nem cabe a você corrigir uma autoridade. Entendeu?

– Entendi.

Naquele momento, ele poderia ter dito algo assim: "O que acha que você deveria fazer?"

A questão é que as crianças, na verdade, não sabem o que devem fazer. Aquilo não teria me instruído. Eu teria dito a ele que precisava arrumar um revólver para acabar com o professor. Mas meu pai tinha formação. Ele não disse aquelas palavras. Em vez disso, perguntou: "O que você acha que deve ser feito para corrigir a situação? O que você acha que é certo fazer?"

Devemos ensinar nossos filhos no caminho em que eles devem andar.

Há uma grande diferença entre o que eu achava que deveria fazer e o que era certo fazer. Não gostei na época. Foi a pior disciplina que pude receber, porque, naquele momento, tive de pensar em como fazer a coisa certa. E a única maneira de fazer aquilo era pedir desculpas ao professor. Mas isso não seria suficiente, porque eu precisava pedir desculpas para ele na frente de todas as crianças.

Esperei até o dia seguinte e adiei esse momento o máximo que pude, mas, ao final da aula, pedi desculpas. Nunca tive problema na minha vida de me submeter à autoridade nem de pedir desculpas quando precisa. Também não tenho dificuldades em resolver problemas. Meu pai foi muito sábio ao me ensinar. É isso que realmente significa formação.

O intelectualismo não instruirá seus filhos para a vida real. Hoje, na escola, para que as crianças possam receber o leite dado pelo governo, precisam de uma autorização assinada, mas essas mesmas crianças poderão fazer um aborto sem que os pais saibam disso. Esse é o resultado do intelectualismo sem formação.

A formação deveria ser um privilégio. A escola é obrigatória, mas isso não significa que nossos filhos estão sendo formados. Também não significa que você teve formação. Você precisa aprender a pensar, a resolver problemas e a sair da caixa. Essa é a única maneira de vencer na vida e fazer algo mais do que sobreviver. Formação é o pré-requisito para ter muito. Tenha formação.

CAPÍTULO 3

O Objetivo da Criação

Vou partir do princípio de que se você leu até aqui é porque quer ganhar muito e que, por ora, você examinou seus motivos e os pôs em ordem, caso não estivessem certos. A primeira coisa que temos de fazer é obter conhecimento. Então, descobriremos o que fazer com ele. Para começar este capítulo, quero que faça um exercício que o ajudará a começar. Se nunca fez isso antes, por favor, reserve um tempo para fazê-lo agora. O exercício tem por objetivo ajudá-lo a descobrir onde você se encontra neste exato momento. Então poderá decidir para onde vai em seguida. Descubra como anda sua situação financeira.

Primeiro, precisamos descobrir onde você deveria estar. Pegue sua idade e multiplique-a por sua renda bruta anual. Por exemplo, se tiver cinquenta anos e ganhou 40 mil reais no ano passado, você terá:

$$50 \times 40.000 = 2.000.000$$

Pegue este número e divida-o por dez. Por exemplo:

$$2.000.000 \div 10 = 200.000$$

Isso é o mínimo que você deveria ter em patrimônio líquido, significando que, se você vendesse tudo o que tem, essa é a quantia de dinheiro que você teria. Em nosso contexto, esse homem deveria ter 200 mil reais em bens.

Agora some seu patrimônio líquido e veja onde você se encontra. Seja realista quando avaliar o valor de seus bens. Você pode ter gastado 2 mil reais em uma geladeira, mas ela não vale tudo isso agora. Seja honesto consigo mesmo. Se o total de seus bens for menor que o número calculado, você deve se empenhar para resolver essa diferença. Se estiver acima desse número, então você está no caminho certo.

Se você não estiver em condições de ir para o nível em que deveria estar, não se preocupe ainda. É por essa razão que estamos examinando isso, para que você possa acertar sua situação. Você só deve se preocupar se ficar contente com menos do que deveria. Deus quer que você seja abençoado para ser uma bênção. Você não pode fazer isso se estiver contente com o que não é suficiente. Você só pode fazer isso se tiver muito.

Não compreendo como alguém que estudou a Palavra de Deus pode chegar à conclusão de que Deus quer que as pessoas sejam pobres ou que ele gostaria que você continuasse no sistema de castas formado por ricos e pobres. Não entendo como alguém pode pensar que Deus quer que as pessoas adoeçam. Se isso fosse verdade, não haveria razão para a oração, nem propósito para a fé e nem sentido na vida. Você ficaria preso onde está, independentemente do que fizesse.

Pensar de alguma forma que apresentamos aqui significa que você não se instruiu na Palavra de Deus. Você pode lê-la, mas não a entende e, se não a entender, não poderá aplicá-la. Na Bíblia, há tantos exemplos da bênção de Deus operando na vida de pessoas que simplesmente creram o suficiente em Deus para agirem com fé.

Em Gênesis 12, encontramos a história de Abrão. Isso aconteceu antes de seu nome passar a ser Abraão. Em hebraico, as letras "AH" de *Avraham* indicam grande alegria. Deus estava para acrescentar uma grande alegria à vida de Abraão, por isso acrescentou uma parte de seu próprio nome (*Jahveh*) e fez dele Abraão. O mesmo fez com Sarai ao mudar o nome dela para Sara.

Mas aquele tempo ainda demoraria um pouco. Primeiro, Deus teve de inserir as bênçãos na vida de Abrão, e só depois mudar o nome dele. Abrão teve de se apegar às promessas primeiro. Então Deus deu a Abrão esta ordem.

> *Então o SENHOR disse a Abrão: "Saia da sua terra, do meio dos seus parentes e da casa de seu pai, e vá para a terra que eu lhe mostrarei. Farei de você um grande povo, e o abençoarei. Tornarei famoso o seu nome, e você será uma bênção. Abençoarei os que o abençoarem e amaldiçoarei os que o amaldiçoarem; e por meio de você todos os povos da terra serão abençoados".* (Gênesis 12.1-3)

Vemos o objetivo de Deus declarado de forma muito clara. O Novo Testamento chama-nos de descendência de Abraão, por isso essas promessas também são nossas. Isso significa que o objetivo de Deus para nós é abençoar-nos para que possamos abençoar os outros.

Abrão teve de fazer uma escolha. Ele poderia optar por ficar em sua terra, onde estava, ou avançar em direção às promessas que se encontravam em outro lugar.

Tudo o que diz respeito à Palavra de Deus envolve escolha. Você pode optar por ser abençoado ou amaldiçoado. Você pode optar por crer ou não crer. Você pode optar pela vida ou pela morte. Deus não o obrigará a optar por isso ou aquilo, mas você tem de optar por algo. Ele nos dá sugestões. "Você pode escolher o que quiser, vida ou morte, mas lhe sugiro que viver é melhor."

Ao observarmos algumas palavras em hebraico nessa passagem das Escrituras, podemos entendê-las melhor. "Saia" no hebraico significa "afaste-se de". Há algumas coisas que são cordões e ligações de nosso passado aos quais estamos conectados que nos impedem de ter o que Deus quer que tenhamos. Temos de abandonar essas coisas e ir embora. Por isso, Deus diz: "Saia."

Agora, se levássemos isso ao pé da letra, teríamos de nos mudar para outro país. Não é isso que Deus está tentando nos dizer.

A palavra "terra" é interessante nessa passagem. Significa: "Saia de seu deserto." Sabemos que os israelitas ficaram presos no Egito por 430 anos. Mas Deus os libertou. Ele os tirou do Egito, um símbolo do mundo, e os pôs no caminho da Terra Prometida. No entanto eles tiveram de passar pelo deserto, e lá ficaram presos por quarenta anos.

Tudo o que diz respeito à Palavra de Deus envolve escolha.

No deserto, Deus os alimentou de forma milagrosa. Eles tinham o maná todas as manhãs. Havia uma coluna de nuvem ao dia para protegê-los do sol e uma coluna de fogo à noite para aquecê-los. Eles tinham comida, sombra e calor suficientes. Havia água suficiente para beber. Se tentassem guardar comida para o dia seguinte, ela se estragaria durante a noite. Eles tinham apenas aquilo de que precisavam, e nada mais.

É aí que encontramos grande parte da igreja hoje. Deus a libertou da escravidão do pecado e apontou-lhe o caminho das promessas, mas a igreja está no deserto. Seus membros têm o suficiente para sobreviver. Pagam as contas todo mês. Há comida suficiente para comer. Eles guardam um pouquinho de dinheiro para comer fora de vez em quando. Mas nunca sobra nada. Eles não poderiam ser uma bênção para ninguém, mesmo se quisessem. Há apenas o suficiente e nada mais.

Deus disse a Abrão para sair de seu deserto e diz o mesmo para nós hoje. Saia de seu deserto, de sua terra. Saia do lugar onde nunca sobra nada. Se continuar a viver ali, você nunca terá mais do que o suficiente. É hora de partir.

A segunda coisa que Deus disse a Abrão foi que saísse do meio de seus parentes. Há certo ensino destrutivo por aí que incentiva as pessoas a abandonarem completamente a família e nunca mais terem nenhuma relação com ela. Não é isso que o versículo está dizendo. A Bíblia ensina que você deve deixar o pecado de seus parentes, mas deve ser uma luz para eles para que possam ser conquistados pelo Senhor. Tive relacionamentos que duraram trinta ou quarenta anos com pessoas que não nasceram de novo. Eu não as abandono. Eu as chamo. Ainda projeto a luz do evangelho na vida delas, dando-lhes oportunidade. Mas nunca deixei que o pecado delas permanecesse comigo. Deixei-o para trás.

Saia do lugar onde nunca sobra nada.

A palavra "parentes" ou "parentela" refere-se à sua linhagem ou herança. Abrão deveria deixar para trás sua linhagem. Investiguei o passado de meus ancestrais por muitas gerações, até 1804. Gustaf Anderson teve dezoito filhos e sua esposa morreu aos 36 anos de idade. Ele nunca se casou novamente.

O que distingue todas as gerações desde então é a pobreza pela qual passaram. Posso seguir a linhagem e a herança da pobreza por meio de meu pai, de meu avô, do pai do meu avô, do avô dele e do avô do pai dele. A pobreza acompanhou todos eles. Tive uma linhagem de pobreza. Essa era a minha herança.

Tive de me afastar de meus parentes. Isso não quer dizer que perdi o contato e nunca mais falei com eles. Significa que deixei para trás a linhagem de pobreza e parti para algo melhor. Seja qual for a linhagem de sua família, seja cobiça, ganância, ambição egoísta, orgulho ou outra coisa, você tem de se afastar dela; do contrário, ela irá afastá-lo das promessas de Deus. Deixe esse lixo para trás. Paulo colocou a questão desta forma:

> *Irmãos, não penso que eu mesmo já o tenha alcançado, mas uma coisa faço: esquecendo-me das coisas que ficaram para trás e avançando para as que estão adiante, prossigo para o alvo, a fim de ganhar o prêmio do chamado celestial de Deus em Cristo Jesus.* (Filipenses 3.13-14)

Em seguida, encontramos a expressão "casa de seu pai". Deus ordena a Abrão que saia da casa de seu pai. Mais uma vez, é importante entender o que isso realmente significa. Grande parte das seitas tenta assumir o controle de sua vida, dizendo-lhe para abandonar sua família. Elas querem que você abandone aquela segurança e passe a ficar sob o total controle delas. Mas não é isso que Deus estava dizendo a Abrão.

Quando me casei, saí da responsabilidade de meu pai e me tornei responsável por minha casa e minha família. Mas a Bíblia ainda diz que devo honrar meu pai e minha mãe (Êxodo 20.12). Esse mandamento diz que devo honrá-los, sejam eles dignos de honra ou não, para que meus dias na terra se prolonguem. Tenho a responsabilidade de fazer com que recebam Jesus antes de morrerem e de cuidar deles na velhice, sejam eles salvos ou não, sejam eles bêbados ou o que for. Não importa. Eu ainda tenho a responsabilidade. Você não abandona sua família. Você a honra. Você abandona os cativeiros da família. Isso significa deixar o pecado, não as pessoas. No casamento, deixei a casa de meu pai, mas não deixei de me relacionar com ele.

Então Deus disse a Abrão que o levaria a uma terra que mostraria a ele, e que faria dele um grande povo. Aqui, a palavra "grande" significa "excessivamente", com muito excesso. E "povo" significa "levantar-se e aumentar". Deus diz: "É da minha vontade dar-lhe um aumento excessivo."

Então Deus disse: "E o abençoarei." A palavra "abençoar" significa "favor, saúde, riqueza, felicidade, prosperidade, cheio de alegria". Deus está dizendo que deseja lhe dar muito – muita saúde, muita alegria, muita paz, muito dinheiro, muita riqueza, muita prosperidade.

Por ter muito, Abrão seria uma bênção. O mesmo se aplica a você. Deus diz que quando você tiver muito, ele fará de você uma bênção. Mas você tem uma escolha a fazer se quiser ser abençoado.

Aqui, a palavra "bênção" em hebraico é diferente de "abençoado". "Abençoado" significa muito favorecido, próspero, rico, saudável, etc. Mas "bênção" significa "o que se dá com liberalidade para o propósito de Deus". Em outras palavras, Deus quer que sejamos abençoados para que possamos nos dar com liberalidade para seu propósito, que é edificar seu Reino.

Isso deveria trazer-nos à lembrança o Salmo 122.9. Buscamos prosperidade por causa da casa do Senhor. Deus quer que sejamos abençoados, mas quer que busquemos a bênção pelo motivo certo. Se seus motivos não forem certos, você não conseguirá lidar nem com 1 real, muito menos com 10 ou 100 ou 1 milhão de reais. Precisamos aprender a administrar bem agora para que Deus possa nos confiar mais.

Vamos juntar tudo isso. Deus falou a Abrão e, por meio de Abrão, falou conosco: "Para ganhar muitas bênçãos, você precisa se afastar do deserto, da linhagem e da herança de sua família, da escravidão da família à pobreza, à doença, à confusão, da inquietação, da preocupação, da ganância, da cobiça e do egoísmo, e vir para as coisas boas que estão nas promessas de Deus."

O modo de vida do mundo é amar o dinheiro. O mundo busca dinheiro, porque acredita que o dinheiro lhe dará tudo. O plano de Deus, no entanto, é que busquemos primeiro a Deus e, então, ele nos dará bens.

Infelizmente, o modo de vida do mundo tem inundado a igreja. Nascemos de novo, mas ainda ficamos com muito lixo da vida na alma, e muitas vezes ainda há certo amor ao dinheiro ali. Isso faz parte do deserto do qual você precisa se afastar para que possa chegar à sua Terra Prometida.

O modo de vida do mundo é o amor ao dinheiro. O modo de vida do Reino de Deus é o dinheiro por amor às pessoas. Quando amamos as pessoas, quando nos preocupamos com os perdidos e mostramos interesse em treinar, ensinar e levar o evangelho a todo o mundo, então nós doamos.

Descobrindo o propósito

Gênesis 1 abrange toda a criação do começo ao fim. O texto dá-nos uma visão geral de tudo o que Deus criou e como o criou. Muitas pessoas se esforçam para saber por que foram criadas, mas Gênesis 1 nos diz. É importante saber a resposta porque, sem esse propósito, não há motivação para viver. Você precisa ter um propósito na vida; do contrário, secará e morrerá. Você precisa de propósito e direção para que permaneça motivado Deus sabia disso, por isso nos revelou o propósito para o qual nos criou.

> *Criou Deus o homem à sua imagem, à imagem de Deus o criou; homem e mulher os criou. Deus os abençoou, e lhes disse: "Sejam férteis e multipliquem-se! Encham e subjuguem a terra! Dominem sobre os peixes do mar, sobre as aves do céu e sobre todos os animais que se movem pela terra".* (Gênesis 1.27-28)

Tão logo Deus criou o homem e a mulher, ele os abençoou. . O fato de Deus desejar que as pessoas sejam abençoadas deveria ser claro neste momento. Encontramos essa verdade em todos os lugares que observamos. Desde o começo da criação, Deus abençoou a humanidade.

Em seguida, Deus disse para que eles fossem férteis e enchessem a Terra. "Encher a terra" significa ter filhos. É assim que teremos uma herança para deixar aos filhos de nossos filhos. Então a procriação fazia parte do propósito. Isso não significa que você é obrigado a ter filhos. A escolha é sua. Mas deve reconhecer que a família é muito importante para Deus.

Entretanto o propósito do homem vai além de só ter filhos. O que Deus diz em seguida é que dominem sobre o mundo. Para entendermos bem isso, precisamos observar a palavra "férteis". Ela expressa muito mais do que a maioria das pessoas imagina. Significa trabalhar para a semente.

Todos começam trabalhando para a semente. Começamos em um emprego e recebemos um salário. Em essência, todos começamos a trabalhar por dinheiro. O plano principal de Deus é termos uma herança para deixarmos aos filhos de nossos filhos para que nosso dinheiro seja útil a eles e eles não tenham de trabalhar para a semente. Mas todos começamos trabalhando para a semente.

Entretanto, não é só isso que "férteis" significa. Também quer dizer ser produtivo ou montar um negócio. Em outras palavras, começamos trabalhando para uma semente, mas Deus quer nos levar ao lugar onde um negócio comece a funcionar e onde recebamos tanto dinheiro a ponto de o dinheiro nos ser útil.

Muitas vezes imaginamos pessoas de negócios como alguém que tem dinheiro. Como poderiam investir se não tivessem dinheiro? Mas se trata de um processo que qualquer pessoa pode fazer. Trabalhamos para a semente. Começamos com ideias e invenções geniais, resolvendo problemas, e transformamos isso em negócios. Acredito que o futuro dos Estados Unidos esteja na empresa privada. Por causa da terceirização de tantos trabalhos como consequência dos avanços tecnológicos, acredito que, lá pelo ano 2015, 90% dos norte-americanos terão seu próprio negócio. É algo que Deus disse que deveríamos lutar para ter desde a criação do homem.

A próxima palavra que devemos observar é "multipliquem-se". Multiplicar significa pegar uma coisa e fazê-la aumentar. É o processo do aumento. Não é apenas adicional, mas é o aumento multiplicado.

É assim que Malaquias 3 descreve todo o conceito da Palavra de Deus.

> *"Tragam o dízimo todo ao depósito do templo, para que haja alimento em minha casa. Ponham-me à prova", diz o SENHOR dos Exércitos, "e vejam se não vou abrir as comportas dos céus e derramar sobre vocês tantas bênçãos que nem terão onde guardá-las. Impedirei que pragas devorem suas colheitas, e as videiras nos campos não perderão o seu fruto", diz o SENHOR dos Exércitos.* (Malaquias 3. 10-11)

Investimos no Reino de Deus, e Deus multiplica nosso investimento. Trazemos nosso dízimo ao depósito do templo para que ele possa ser alimento ali. A comida alimenta-nos para que possamos ganhar mais informações e, consequentemente, dar mais ofertas. Isso se torna a semente que plantamos no Reino que, então, abre as comportas dos céus. Quando seus dízimos e ofertas abrem as comportas dos céus, Deus derrama mais bênçãos, o que significa que ele derrama uma oportunidade para que você obtenha muitas riquezas.

Semeamos uma oferta no Reino de Deus, mas a Bíblia diz que Deus impedirá que pragas cheguem às nossas colheitas e que nossas árvores lancem fora seus frutos. O que quer dizer que não só semeamos algo no Reino com dízimos e ofertas, mas que também temos de semear algo na terra para que Deus o proteja e o multiplique.

Investimos no Reino de Deus, e Deus multiplica nosso investimento.

Em Marcos 4, na parábola do semeador, descobrimos que 25% dos que plantam a semente, na verdade, multiplicam alguma coisa. Um quarto plantou a semente, mas o diabo a roubou. Outros 25% plantaram a semente, mas desistiram dela quando vieram dificuldades e perseguição. Outros 25% se endividaram tanto com o engano das riquezas que não puderam investir e, consequentemente, se tornaram infrutíferos. Três quartos não conseguiram montar um negócio.

Vem daí a mensagem de que devemos sair das dívidas, porém essa mensagem tem um ensino falso. Sim, você deve sair da dívida, mas o que é dívida? Dívida é quando você tem algo que vale mais na compra do que na venda. Ao comprar por 100 mil reais uma casa que vale 120 mil reais, você não tem uma dívida. Você ganhou 20 mil reais que estão fazendo seu dinheiro render cada vez mais. Você está usando o dinheiro do mundo para ganhar dinheiro.

Por outro lado, se você compra no crediário uma geladeira por 1.000 reais e a leva para casa, no momento em que sai da loja ela passa a valer somente 200 reais. Isso significa que você tem uma dívida de 800 reais. Aprenda a reconhecer a diferença entre dívida e investimento.

Desde o início da criação Deus nos disse que multipliquemos. Isso não significa somente plantar a semente no Reino de Deus, mas também semeá-la na terra para que haja algo para Deus multiplicar. Então a semente se torna um recurso que paga um dividendo. Quando o dividendo supera os níveis de despesa, então não estamos mais trabalhando para o dinheiro. Agora é ele quem está trabalhando para nós.

A Palavra trabalha quando você crê nela. Ela não trabalha só porque você disse.

Este princípio é ensinado em muitas passagens, mas podemos encontrá-la facilmente em Hebreus 3-4. O texto diz que Deus tinha um povo que tentou levá-lo à Terra Prometida, mas esse povo não entrou na terra por causa de sua incredulidade. O povo não conseguiu entrar no descanso de Deus.

Entretanto Deus declara que está chegando o dia em que isso mudará. Esse dia é a Era da Igreja. Entramos porque cremos. Pela fé, entramos nas promessas de Deus. No entanto, muitas pessoas do Corpo de Cristo estão tentando trabalhar para a Palavra, em vez de fazerem a Palavra trabalhar para elas. A Palavra trabalha quando você crê nela. Você precisa crer nela. Você pode entrar no descanso de Deus ao fazer a Palavra trabalhar para você.

Do ponto de vista de Deus, o principal objetivo de tudo é fazermos a Palavra trabalhar para nós, fazermos o dinheiro trabalhar para nós, chegarmos ao ponto de a terra trabalhar para nós em cada área de nossa vida, em vez de trabalharmos para a terra. Esse é o mistério das eras que esteve oculto para nós, não de nós. Precisamos entendê-lo e vivê-lo.

É isso que quebra a maldição. Após o pecado, Adão teve de trabalhar com o suor de seu rosto, mas Deus proveu a redenção para que o plano original pudesse ser restaurado. Parte de nosso propósito na criação era multiplicar. Deus não mudou isso só porque Adão pecou. Na verdade, ele repete o que disse mais adiante. Noé recebeu a mesma ordem.

> *Deus abençoou Noé e seus filhos, dizendo-lhes: "Sejam férteis, multipliquem-se e encham a terra".* (Gênesis 9.1)

Mais adiante, ele diz isso novamente em Gênesis.

> *Que o Deus todo-poderoso o abençoe, faça-o prolífero e multiplique os seus descendentes.* (Gênesis 28.3)

Jesus livrou-nos da maldição, e não há desculpa para não cumprirmos nosso propósito de multiplicar. As promessas estão à nossa disposição sempre que quisermos crer nelas.

Acho interessante que a igreja tenha como objetivo prosperar a ponto de as pessoas nunca mais terem de ir ao banco para fazer empréstimo. Elas podem tê-lo na igreja. O povo de Deus deveria ser o primeiro a emprestar ao mundo. Assim, não estaríamos mais financiando o mundo, em vez disso, poderíamos financiar o Reino de Deus.

É tempo de cumprirmos nosso propósito. Isso significa deixar para trás nossa herança de pobreza do passado e ir para um novo país, a Terra Prometida.

"Não é justo"

Vivemos em uma terra de oportunidades iguais para todos. Pelo menos, esse é o ideal. Vínhamos lutando por oportunidades iguais nos Estados Unidos desde os primeiros colonizadores, especialmente durante os últimos cinquenta anos. Nós nos esforçamos para dar oportunidades iguais a todas as raças, homens e mulheres. Ainda não cumprimos totalmente isso, mas é nosso objetivo, e estamos cada vez mais próximos dele. É o que os nossos Pais Fundadores buscaram quando redigiram a Constituição. A oportunidade está à disposição de todos. Alguns chegam com mais facilidade a ela do que outros, mas todos podem alcançá-la.

A igualdade da qual fala nossa Constituição é um conceito bíblico. A Bíblia claramente ensina oportunidades iguais para todos. O que muitas vezes não percebemos, no entanto, é que as Escrituras não prometem habilidades iguais. Foi isso que Jesus ensinou em Lucas 19.11-27 com a parábola das dez minas e em Mateus 25 com a parábola dos talentos.

Em Lucas, o texto diz que certo nobre chamou dez servos, deu a cada um deles uma mina e depois partiu por um tempo. Uma mina era uma quantia de dinheiro que vale aproximadamente três meses de salário de um trabalhador comum. Isso parece justo. Cada servo recebeu a mesma quantia. Isso quer dizer que tiveram a mesma oportunidade.

Quando retornou, o nobre chamou os servos. O primeiro investiu a mina e a fez render dez vezes. O investimento do segundo a fez render cinco vezes. O terceiro nada investiu.

> *Então veio outro servo e disse: "Senhor, aqui está a tua mina; eu a conservei guardada num pedaço de pano".* (Lucas 19.20)

Ele teve a mesma oportunidade que os dois primeiros, mas não fez nada com ela. Na verdade, o nobre castigou-o dizendo que ele poderia tê-la, pelo menos, colocado no banco para que rendesse juros. O nobre elogiou os dois primeiros servos, chamando cada um deles de "servo bom e fiel", mas condenou o terceiro. O problema não foi a oportunidade, mas sim a disposição de fazer algo com a oportunidade. Em nenhuma outra passagem nas Escrituras Jesus chama alguém de servo bom e fiel, exceto nessas duas passagens de Lucas e Mateus, nas quais os servos multiplicaram o que tinham de acordo com a capacidade de cada um. Deus é a favor da multiplicação. Esse é o seu plano.

O nobre então fez algo que faz as pessoas hoje se encolherem de medo. Ele tirou a mina do terceiro servo e a deu ao que possuía dez. Isso simplesmente não parece justo para nós. Nós a daríamos para o que só tinha cinco.

Temos de ir além de nossa preocupação com o que é justo e o que não é. "Justo" não é um conceito bíblico. Alguns têm mais capacidade do que outros. A oportunidade é igual para todos, mas a capacidade não. O segundo servo não tinha a mesma capacidade que o primeiro. Ele só fez com que rendesse 50% dela. Jesus deu a mina extra ao que tinha maior capacidade. Normalmente fazemos o contrário: tiraríamos a mina do que tinha dez e a daríamos ao servo que tinha uma. Não é assim que Deus age.

Entendo que devemos alimentar os famintos e vestir os pobres. Isso faz parte do princípio de sermos generosos com o que temos. Mas não é disso que essa parábola está falando. Ela está enfatizando que, se quiser deixar de ser pobre, você tem de aprender a usar sua capacidade para multiplicar. Se você só produz metade do que produz seu próximo, lembre-se de que você fez ainda mais do que 80% dos outros servos. E Jesus lhe dirá: "Muito bem, servo bom e fiel." Ele se agrada da multiplicação de acordo com sua capacidade.

A história em Mateus é similar. Um homem estava viajando para um país distante, por isso reuniu três de seus servos. Nesse caso, no entanto, ele não deu a cada um deles a mesma quantia. Ele distribuiu de acordo com a capacidade deles. Ao primeiro deu cinco talentos; ao segundo, dois; e ao terceiro, um.

Mais uma vez, isso não nos parece justo. Fomos ensinados a acreditar que todos nós deveríamos receber a mesma quantia. Se eu reunisse três pessoas e dissesse à primeira: "Vou lhe dar 10 mil reais para ver o que você pode fazer com eles", a segunda e a terceira esperariam que eu fizesse o mesmo com elas.

Entretanto Deus dá oportunidades iguais, não habilidades iguais. Eles podem não ter recebido a mesma quantia de dinheiro, mas cada um deles teve a mesma oportunidade de pegar o que tinha e multiplicá-lo. Jesus estava interessado no que eles fariam com a oportunidade. Você multiplicará ou irá julgar e condenar? Se não começar a aproveitar as oportunidades que surgem, então você irá perdê-las.

Quase como os servos em Lucas, esses servos apareceram com os resultados de seus investimentos. O primeiro dobrou seus cinco talentos e chegou a dez; o segundo transformou seus dois talentos em quatro e o terceiro não fez nada com seu talento a não ser escondê-lo. Como era de esperar, o senhor não se agradou dele. Ele elogiou os dois primeiros servos com as palavras: "Muito bem, servo bom e fiel!", mas o terceiro foi castigado. Seu talento foi-lhe tirado e dado ao servo que tinha dez. E então ele declarou algo que simplesmente não parece justo, mas é a verdade bíblica.

Deus dá oportunidades iguais, não habilidades iguais.

> *Pois a quem tem, mais será dado, e terá em grande quantidade. Mas a quem não tem, até o que tem lhe será tirado.* (Mateus 25.29)

A pergunta é: quem tem o quê? Mais será dado a quem tiver disposição para multiplicar o que possui. Isso nada tem a ver com ser justo, mas com cumprir seu objetivo de multiplicar o que você tem.

A verdadeira formação, a capacidade de resolver problemas, na verdade, gera desigualdade – a desigualdade da individualidade, a desigualdade de sucesso, a desigualdade de talento, a desigualdade de genialidade. A pergunta não tem nada a ver com quanto lhe foi dado para começar, mas com o que você está fazendo com o que tem?

CAPÍTULO 4

No Meio de Lobos

Jesus frequentemente usava a imagem de um rebanho para descrever seus seguidores. Disse, por exemplo, que ele era o bom pastor e que suas ovelhas o conhecem (João 10.14). Há um grande conforto em reconhecermos que Jesus está nos guardando com o cuidado que um pastor tem para com seu rebanho. Gostamos de ler o Salmo 23 quando estamos em aflição, porque ele nos conforta. "O SENHOR é o meu pastor; de nada terei falta."

No entanto, há um emprego mais sério da imagem do rebanho que provavelmente assusta a maioria de nós. Ela é usada em Mateus.

> *Eu os estou enviando como ovelhas entre lobos. Portanto, sejam astutos como as serpentes e sem malícia como as pombas.* (Mateus 10.16)

Isso simplesmente não parece algo que um bom pastor deveria fazer. Nós nos imaginamos como pequenas bolas de lã macias e indefesas no meio de carnívoros agitados, prontos para nos despedaçar. Por que Jesus nos enviaria a um ambiente tão hostil assim? Deve haver algo errado com essa imagem.

Foi assim que me senti com relação a esse versículo durante muitos anos. Ele me incomodava. No entanto isso acontecia porque eu lia com conhecimento, mas não com entendimento.

Quero examinar isso um pouco mais de perto. Esse versículo pode nos ensinar algumas coisas que nos ajudarão a abordar a questão dos negócios com uma perspectiva melhor.

O cerne desse versículo é o ambiente para onde estamos sendo enviados. A maioria das pessoas trabalha em um ambiente de lobos na maior parte do tempo. E muitas simplesmente querem sair desse ambiente.

Começarei dizendo que é você quem cria seu ambiente. Deus disse: "Haja", e criou o ambiente da terra. O segundo Adão, Jesus, resgatou-nos para que voltássemos àquela posição em que podemos criar nosso próprio ambiente, onde quer que estivermos.

Você tem o poder de criar seu ambiente.

Você pode pensar que é um produto de seu meio. Seus pais talvez não tenham criado um bom ambiente para você quando criança, mas, agora que está adulto, você tem o poder de criar seu ambiente. Você é o único que decide o que deve absorver ou não. Você não tem de aceitar nada que não queira. Seus colegas de trabalho podem usar uma linguagem da qual você não gosta. Eles podem contar piadas que lhe ofendem, mas você não precisa deixar que esse lixo entre em você. Em vez disso, deixe a luz sair. Não os julgue, mas os ame. Isso não tem nada a ver com o que você diz a eles, mas com o modo como leva sua vida.

Trabalhei no mundo por muitos anos antes de trabalhar em tempo integral no ministério. Fui professor universitário, do ensino fundamental e do ensino médio. Trabalhei com elétrica, encanamento, metal em chapa e solda. Instalei ares-condicionados e fiz muitas outras coisas. Independentemente de onde eu trabalhasse, não demorava muito para que as pessoas começassem a me chamar de "reverendo". Eu não dizia que era cristão. Não fazia nem dizia nada. Só trabalhava e me esforçava ao máximo. Começava cedo, parava tarde e só cobrava por oito horas de trabalho. Fazia tudo da melhor forma possível. Quando batia com o martelo no dedo, eu dizia: "Bendito seja Deus", em vez de usar outras palavras que eles usavam. Não demorava muito para que me chamassem de "reverendo".

Também não demorou muito para que começassem a pedir que eu os ajudasse no casamento deles ou com seus filhos. Mesmo assim, eu não dizia que era cristão. Mas as pessoas sabem quando veem a luz e são atraídas a ela. Então você tem uma porta aberta. Você tem a oportunidade porque as amou na posição em que elas estão. Você não faz isso batendo na cabeça delas com a Bíblia nem pode fazer isso com uma retórica religiosa. Você não faz isso julgando as pessoas e pedindo que não xinguem perto de você nem levando uma vida reta. Sua vida criará o ambiente.

Com isso em mente, observemos com cuidado esse versículo para que possamos entender a que Jesus se refere quando diz que está nos enviando como ovelhas entre lobos. A palavra "enviando" significa "enviado com um propósito".

Qual é nosso objetivo? Em Gênesis 1, descobrimos que nossa meta é ser férteis, multiplicar-nos e encher a terra. Em outras palavras, abra um negócio, semeie tesouros no Reino de Deus e na terra, e multiplique seu dinheiro para que você possa deixar uma grande herança para seus filhos, e, no processo, prospere para o bem da casa do Senhor. Esse era o objetivo no jardim do Éden, e ele nunca mudou.

Somos enviados ao mundo com um propósito. Para obtermos a riqueza que Deus quer que tenhamos, temos de aprender a usar o sistema do mundo a nosso favor. Se a riqueza dos ímpios é acumulada para os justos, os justos só têm que sair e tomar posse dela.

Como se faz isso? Você vai a um banco e faz um empréstimo, o máximo que puder. Então compre um terreno, construa uma casa, compre uma casa ou algo que você sabe que poderá vender por um preço superior ao que você pagou. Você terá quase 20% de lucro, pague ao banco 4% de juros pelo dinheiro emprestado e resta 16% para você e para o Reino de Deus. Nós usamos o sistema do mundo, tiramos proveito dele e usamos a sabedoria que Deus nos dá para multiplicar e aumentar.

Somos enviados com um propósito. Contudo, ainda somos ovelhas, certo? A maioria das pessoas acha que as ovelhas são bolinhas de lã fofinhas e indefesas com olhos e pernas. No entanto, a palavra grega usada aqui para ovelhas, *probaton*, tem um sentido muito diferente. Ela significa "andar para a frente, avançar, ir na frente de, ser o primeiro".

Se a riqueza dos ímpios é acumulada para os justos, os justos só têm de sair e tomar posse dela.

Em outras palavras, Deus nos enviou ao mundo com o propósito de sermos os primeiros. É isso que o restante das Escrituras dizem, por isso não devemos ficar surpresos. Deus quer que estejamos por cima, e não por baixo, que sejamos cabeça, e não cauda. Ele quer que suas ovelhas sejam as primeiras.

Ou seja, o líder da empresa, não o *office boy*. O dono da empresa, o supervisor, o chefe, aquele que pode resolver problemas. Deus quer que sejamos os primeiros. Afinal, acho que ser ovelha não é tão perigoso assim. Deus nos enviou como ovelhas entre lobos porque ele quer que sejamos absolutamente os primeiros.

A palavra seguinte é "entre". Estamos no meio dos lobos, no meio do mundo. Aqui, em grego significa "em associação com, não sob o mesmo jugo, mas em primeiro lugar". Devemos chegar ao topo. Devemos ser os primeiros no meio dos lobos.

Astutos como as serpentes

Depois de dizer que está nos enviando como ovelhas entre lobos, Jesus continua com uma palavra de instrução sobre como devemos fazer isso. Palavrão vocábulo seguinte é "portanto", que quer dizer que Jesus está para dar a resposta. É assim que você faz isso. Você se torna tão astuto quanto a serpente e tão inofensivo quanto uma pomba.

Diante da palavra "serpente", a maioria das pessoas imediatamente pensa no diabo e imagina que devemos ser tão espertos quanto o diabo e fazer as coisas do jeito dele. Não é esse o sentido da passagem. Precisamos examinar as palavras um pouco mais a fundo.

"Astutos" significa "discernimento sagaz e aguçado, preparados mentalmente, cautelosos no caráter, honestos, com integridade, pontualidade e a natureza divina de Deus". Quando entramos no mundo, não devemos fazer as coisas do jeito do mundo. Devemos entender como ele funciona, mas agir com honestidade e integridade. Expressa termos formação, não apenas sermos intelectuais; termos a capacidade de resolver problemas.

Você tem de entender o mundo. Astúcia implica que você o entende. Você não transformará o mundo a menos que o entenda, e nunca ganhará um real na bolsa de valores a menos que compreenda que ela é controlada pela ganância e pela cobiça. Isso não significa que tem de se tornar ganancioso e ambicioso, mas simplesmente que você entende como ela funciona. Você pode usar a estupidez do mundo para trazer riquezas para o Reino de Deus. Mas, para isso, tem de ser astuto como uma serpente.

Até que ponto a serpente é astuta? Tudo o que Jesus está dizendo é que devemos ter introspecção, que é uma questão de entendermos a nós mesmos e lidar com problemas que temos dentro de nós. Significa a capacidade de examinarmos o que está em nós. Visão aguçada significa ter uma visão focada. Uma vez que tem visão, você nunca a abandona. Se a visão é abrir um negócio, então você nunca hesita, e vai atrás da visão que tem. Você não troca de visão por impulso, mas permanece focado.

Outra característica da serpente: ela é quieta. Os cristãos muitas vezes ficam falando por aí sobre suas ideias até que alguém as rouba. A serpente é esperta, o que não quer dizer que seja desonesta, e sim que sabe usar de certa discrição.

A serpente também é paciente. Ela pode ficar ali, enrolada o dia todo, esperando um coelho ou um esquilo passar. Ela é paciente, mas também está pronta para atacar no instante em que a oportunidade aparecer. Todos têm oportunidades, mas, na maior parte do tempo, não estamos preparados para elas. Isso expressa que você deve estar pronto para seguir em frente. Seu crédito é bom. Você tem o empréstimo em mãos. Pode ir ao banco e, em um dia, fazer as coisas acontecerem. Se seu nome estiver sujo e você precisar de seis meses para limpá-lo, perderá a oportunidade. Você precisa limpá-lo agora para que possa estar pronto.

Devemos também observar que as cobras entendem muita coisa. Elas sempre comem muito. Você já viu uma cobra pequena e magra engolir um esquilo? Ela fica com um caroço enorme no estômago. Elas não têm nenhum problema com isso.

Assim, ser astuto como a serpente não significa ser desonesto, mas termos discernimento e caráter para podermos entender como o mundo funciona. Significa sermos introspectivos para podermos lidar com nossos próprios problemas, termos uma visão clara e nos focarmos nela, termos discrição quando o assunto for onde e quando compartilharmos nossas ideias. Significa sermos pacientes.

Sem malícia como as pombas

Também devemos ser inofensivos como as pombas. Quando imaginamos uma pomba, normalmente pensamos em uma ave pequena que se senta no muro e faz sujeira. A expressão "sem malícia", no entanto, tem alguns significados. Como "ovelhas", ela significa ser o primeiro. Considerando o número de vezes que nos deparamos com esse conceito, devemos realmente crer que Deus quer que sejamos os primeiros.

Além disso, "sem malícia" expressa "defender, negociar, conciliar". Isso não quer dizer que estamos comprometendo a Palavra –comprometê-la é algo que nunca deveríamos fazer –, mas que resolvemos problemas de forma pacífica, quando possível. Quando há um problema, podemos resolvê-lo com o poder de nossa língua. Usamos palavras. Negociamos. Se alguém o levar a um tribunal, a Bíblia diz que você deve fazer todo o possível para resolver a questão antes de chegar lá. Se for possível resolvê-la de forma pacífica, então faça isso. Talvez haja momentos em que isso seja impossível, mas devemos fazer tudo o que estiver ao nosso alcance.

Depois de entendermos essas várias palavras, temos uma imagem muito diferente do que Jesus estava tentando nos transmitir. Segue uma paráfrase minha de Mateus 10.16:

> *Estou enviando vocês com um propósito. Sejam férteis e multipliquem-se. Observem que o que fica para trás está associado ao mundo. Sigam em frente. Não recuem. Sejam os primeiros. Usem as habilidades práticas, espirituais e terrenas. Usem o discernimento. Mantenham-se focados e mantenham uma visão firme. Sejam pacientes, mas prontos para atacar primeiro. Usem o poder de sua língua para resolver problemas.*

Essa mesma instrução está incluída em Lucas, mas com diferenças muito pequenas.

> *Vão! Eu os estou enviando como cordeiros entre lobos.* (Lucas 10.3)

Aqui, Jesus usa "cordeiros" em vez de "ovelhas". Ao que parece, um cordeiro, em vez de um carneiro, indicaria uma impotência ainda maior. No entanto a palavra "cordeiro" tem um significado totalmente diferente.

Não somos somente responsáveis por alcançar as pessoas para que conheçam Jesus; também somos responsáveis por recuperar esta terra.

Mais uma vez, o texto diz que somos enviados, portanto, ele está nos enviando com um propósito, para sermos férteis, multiplicarmo-nos e sermos os primeiros. Mas a palavra "cordeiro" significa "uma âncora, um grande peso, o que exaspera o pecado".

Exasperar denota incomodar muito o pecado. Assim, Jesus disse: "Eu os estou enviando ao mundo para serem os primeiros, para irritarem o pecado e para mostrarem ao mundo que o meu modo de vida é o correto, que o meu modo de vida tem poder, ao contrário do modo de vida de vocês." Jesus está nos enviando para recuperarmos a terra que foi tirada de Adão. Não somos somente responsáveis por alcançar as pessoas para que conheçam Jesus, mas também por recuperar esta terra. Quando nos chama de cordeiros, ele quer dizer que devemos ser a âncora, o peso, os que irritam o pecado, os que incomodam muito o pecado, para pôr fim ao controle que os lobos têm desta terra e tomar posse do domínio e da autoridade nos mundos espiritual e natural.

Precisamos entender que Deus quer que resgatemos o mundo todo. Não é apenas uma questão de levar as pessoas para o céu. Isso é muito importante, porém é apenas o começo. Foi isso que Paulo disse aos coríntios.

> *Portanto, se alguém está em Cristo, é nova criação. As coisas antigas já passaram; eis que surgiram coisas novas! Tudo isso provém de Deus, que nos reconciliou consigo mesmo por meio de Cristo e nos deu o ministério da reconciliação.* (2 Coríntios 5.17-18)

Quando a Bíblia diz que tudo isso provém de Deus, ela quer dizer que todas as coisas foram criadas. O que Deus criou? Foi mais do que simplesmente pessoas. A criação de Deus incluiu a terra, a lua, as estrelas – tudo. Por meio de Jesus, Deus reconciliou todas as coisas com seu Reino.

Entretanto, as Sagradas Escrituras nos dizem que nos foi dado um ministério de reconciliação. Também devemos reconciliar todas as coisas. Isso não somente significa pessoas. Devemos ganhar as pessoas por meio do sangue de Cristo, que nos reconciliou com Deus, mas há todas as outras coisas que devemos reconciliar também. Devemos recuperar a terra, o que se perdeu. Ou seja, recuperar o sistema de educação, o sistema político e o sistema financeiro. Devemos reconciliar as pessoas e a terra, e ter domínio.

Lobos vestidos de peles de ovelhas

Já que estamos falando em lobos, preciso fazer mais uma advertência. Nem todos os lobos estão no mundo lá fora. Há alguns que chegam a fazer parte da igreja. Jesus advertiu sobre eles.

> *Cuidado com os falsos profetas. Eles vêm a vocês vestidos de peles de ovelhas, mas por dentro são lobos devoradores.* (Mateus 7.15)

Basicamente, existem três tipos de pessoas na igreja. Há ovelhas, cabras e lobos. As ovelhas são aquelas que estão comprometidas com a igreja e umas com as outras. As cabras são relativamente inofensivas, mas também não fazem muita coisa. Em geral, gostam de comer do outro lado da cerca, por isso elas vão e vêm. Nós as ordenhamos enquanto estão ali, mas elas normalmente não ficam por muito tempo.

Os lobos são outra história. Estão ali para devorar as ovelhas. Gostam de posições altas. Gostam de estar lá em cima para poderem ser notados e de escolher as ovelhas fracas e devorá-las. Por isso Jesus disse para tomarmos cuidado com eles.

Ele os chama de falsos profetas. Esses se fingem de religiosos e são cheios de palavras mentirosas que usam na tentativa de fazer com que as pessoas os sigam, em vez de conduzi-las a Jesus. Devemos tomar cuidado com eles.

Como podemos identificá-los? Um dia, Jesus estava andando e viu uma figueira que tinha folhas (Mateus 21.18-22). Folhas significam que os frutos deveriam estar prontos. A finalidade das folhas é proteger os frutos do sol.

Jesus aproximou-se da árvore para pegar algo para comer, mas, quando olhou, não havia nenhum fruto. Era um falso profeta. A árvore profetizava que havia frutos, mas não tinha nenhum.

É assim que você identifica no seu meio os lobos que são falsos profetas. Examine os frutos deles. Eles têm relacionamentos saudáveis e de longa data? Ministram vida às pessoas? Sempre atacam seus amigos para atrair você a eles? Fingem ser guias cristãos, mas seu objetivo é o egoísmo. Querem controlar e abusar de você como ovelha.

Precisamos tratar esses lobos com a mesma sabedoria e discernimento com que tratamos os lobos no mundo. Cuidado com eles. Não deixe que lhe impeçam de ser o primeiro e de se concentrar em sua visão.

CAPÍTULO 5

E Se...?

Passamos por um processo quando progredimos na vida. Já fiz referência a ele, mas quero observá-lo mais de perto antes de seguirmos em frente. Ele está resumido em Provérbios.

> *Por sua sabedoria o SENHOR lançou os alicerces da terra, por seu entendimento fixou no lugar os céus; por seu conhecimento as fontes profundas se rompem, e as nuvens gotejam o orvalho.* (Provérbios 3. 19-20)

A última parte dessa passagem descreve o rompimento das fontes profundas. Isso se deu quando a água surgiu da terra e dos céus, e destruiu a terra. Ela apareceu quando Deus encontrou o pecado no mundo e viu que toda atitude e todo pensamento eram maus. Os únicos sobreviventes foram Noé e sua família.

Vemos o que Deus fez com seu conhecimento. Ele destruiu o passado e mostrou o futuro. É isso que ele quer fazer em cada um de nós. Para herdarmos muitas outras coisas, temos de destruir algumas que estão em nosso passado. Temos de livrar-nos da mentalidade de pobreza, arrancá-la de nosso coração, de nossas percepções e de nossas atitudes. Você pode ter sido vítima das circunstâncias no passado, mas é hora de superar isso. É hora de deixar que isso seja destruído pela Palavra para que você possa avançar para as coisas boas que Deus tem pela frente. Isso se faz por meio do conhecimento.

Por seu entendimento, Deus estabeleceu os céus durante o processo de salvação em Cristo Jesus. Você começa com conhecimento. Este é o processo de mudança. Depois passa para o entendimento, que é quando você entende o que ganhou com ele. Muitos param no conhecimento e nunca o ganham. Nunca descobrem como as coisas funcionam. Eles só têm informação.

Do entendimento, temos de passar para a sabedoria. Só entender o que você sabe não produz nada. Quando começar a fazer o que entende, você verá muita riqueza aparecer em sua vida.

Este é o processo que você precisa seguir. É preciso se tornar financeiramente instruído e aprender as informações. Depois deve entender como os sistemas funcionam, seja o sistema espiritual ou o terreno. Entretanto, a fé sem obras é morta, assim você também precisa fazer alguma coisa. Você tem de usar esse entendimento e aplicá-lo na vida real. Aja.

Um grande exemplo disso é a vida de José. Quero observar José detalhadamente e ver como ele se levantou do nada para ser praticamente o governador da maior nação do mundo. Há inúmeros princípios que podemos aprender com a vida dele.

Não se esconda atrás do "se"

A prosperidade não caiu de bandeja nas mãos de José. Ele teve de buscá-la. Seu pai era rico e José estava pronto para herdar uma parte considerável daquela riqueza, mas ele se deparou com alguns problemas ao longo do caminho.

Seus irmãos o odiavam. Eles o venderam como escravo. José acabou como servo de Potifar. Então, quando as coisas pareciam melhorar, a esposa de Potifar tentou seduzi-lo e, quando ele optou pela conduta moral, ela fez acusações falsas contra ele que resultaram em sua prisão. José definitivamente tinha alguns obstáculos para transpor. Ele poderia facilmente ter aceitado seu destino e dito: "Se as coisas tivessem sido diferentes..."

Não abandone a corrida por causa do "se". Ele é o maior obstáculo ao sucesso e destrói o incentivo. Destrói a confiança. Acaba com nosso espírito aventureiro e rouba-nos os nossos sonhos. Nas planícies da hesitação estão os ossos esbranquiçados de milhares que, no limiar da vitória, sentaram-se para descansar e, enquanto descansavam, morreram. "Se" é uma palavra de atraso. É uma palavra de desespero.

"Se meu chefe não me fizesse trabalhar tanto..."

"Se eu tivesse mais energia..."

"Se eu tivesse mais talento..."

"Se eu tivesse mais estudo..."

"Se eu tivesse mais dinheiro..."

"Se eu tivesse mais tempo..."

"Se eu tivesse mais saúde..."

"Se eu não tivesse de trabalhar tantas horas..."

O "se" pode fazer você parar e destruir seu sonho antes mesmo que chegue perto dele. José tinha todos os motivos para fracassar. Mas ele tinha um sonho do qual nunca desistiu. Em um sonho, José viu sua família, incluindo seu pai e sua mãe, se curvando diante dele. Essa foi uma imagem no mundo natural do que aconteceria no Novo Testamento. José era uma imagem de Cristo. Seus irmãos representavam as doze tribos de Israel e o sonho prenunciou o momento em que todo joelho se dobraria aos pés de Jesus.

Chegaria o dia em que a família de José se curvaria diante dele. Até aquele momento, ele sonhou com o dia em que estaria chegaria ao poder.

Uma pessoa comprometida com um sonho é tudo de que Deus precisa para transformar o mundo. Isso foi tudo de que Abraão precisou para se comprometer com o sonho que Deus lhe deu. Deus disse-lhe: "Vou lhe dar um filho e, por causa da descendência desse filho, toda nação será abençoada." O capítulo 4 de Romanos nos diz que Abraão não hesitou, não abandonou a fé, nem duvidou. Ele se apegou à Palavra de Deus e, consequentemente, isso lhe foi imputado para justiça porque cumpriu o sonho. E Deus transformou o mundo por meio dele.

Moisés teve um sonho que nasceu na sarça ardente, o sonho de libertar seu povo do Egito. Ele tirou três milhões de pessoas do cativeiro sem usar uma espada. Ele os fez sair com muita riqueza e com muita saúde. Moisés cumpriu o sonho que Deus pôs em seu coração. Ele teve muitos obstáculos, mas não deixou que nada o impedisse. E Deus transformou o mundo por meio dele.

Noé recebeu de Deus um sonho para salvar a criação. Ele se comprometeu com o sonho. O que teria acontecido se Noé tivesse começado a arca mas tivesse chegado à conclusão de que ela daria muito trabalho e, em vez disso, tivesse desistido? O que teria acontecido se ele tivesse se queixado por ter de trabalhar mais de quarenta horas por semana e simplesmente tivesse desistido? Ele não fez isso, mas persistiu e cumpriu o sonho que Deus lhe deu. E impediu que a humanidade fosse destruída.

Uma pessoa comprometida com um sonho é tudo de que Deus precisa para transformar o mundo.

O mundo é transformado por meio de cada pessoa que segue um sonho. Martin Luther King teve um sonho. Ele sonhou com um mundo no qual toda raça e toda cor poderiam estar juntas, adorar a Deus em unidade e amar umas as outras. Aquele sonho está sendo cumprido porque ele se comprometeu com o sonho e nunca voltou atrás. O mundo tem se transformado por causa disso.

Jesus teve um sonho de que redimiria toda a humanidade. Pedro virou-se para ele e tentou fazê-lo mudar de opinião. Jesus simplesmente disse: “Para trás de mim, Satanás!” Ninguém, nem mesmo um amigo próximo, iria impedi-lo de cumprir o sonho.

Paulo teve um sonho. Na estrada para Damasco, Deus falou com ele em um sonho para que alcançasse todos os gentios com o evangelho. Paulo nunca abriu mão daquele sonho e, consequentemente, Deus o usou para transformar o mundo.

Os sonhos são fundamentais para o sucesso. Se você desistir de seu sonho, nunca alcançará o sucesso. Esaú, tio de José, foi um exemplo de quem abriu mão do que Deus tinha para ele. Ele trocou sua herança com Jacó, pai de José, por um prato de ensopado. Ele não conseguia ver aonde poderia ir. Tornou-se um símbolo daqueles que rejeitam sua herança.

Quantos cristãos estão vendendo sua herança porque acreditam que deveriam ser pobres? Quantos a estão vendendo porque acham que Jesus era pobre? Quantos estão vendendo seu futuro de sucesso porque estão convencidos de que Deus predeterminou que deveriam adoecer e morrer jovens?

Somos co-herdeiros com Cristo em todas as promessas de Deus. Como poderíamos acreditar em algo diferente? José teve um sonho que estava fundamentado nas promessas de Deus. Se seu sonho não nasceu da vontade divina, então você corre o risco de seguir os passos de Esaú. Você precisa de um sonho dado por Deus.

Deixe-me dar um exemplo. Agora temos uma geração de jovens ligados à televisão que reflete mais as informações que recebem de propagandas do que as de seus pais. Eles observam soluções para problemas de um modo que não é saudável. Tentam encontrar curas para doenças em vez de tentar descobrir sua causa. Procuram o efeito, não a causa. Resolvem o problema de ter filhos indesejados por meio do aborto. Tenho outra solução. Ela se chama abstinência, autocontrole. Eles estão procurando poder sem o princípio.

Isso produziu uma geração de pessoas cujas ações deixaram de ter controle sobre seu futuro. Elas trocaram sua herança pela satisfação própria. Não têm ideias novas. Não sabem resolver os problemas de amanhã nem conseguem resolver os de hoje. Estão procurando tornar o mundo justo ao colocarem todos no mesmo patamar de igualdade, ao darem a mesma nota "satisfatória" para todos os alunos. Estão criando um tipo de sistema de castas do qual ninguém pode sair. Querem que o governo cuide de tudo por meio da medicina e da previdência sociais. Querem tirar dos bem-sucedidos e dar àqueles que não querem trabalhar. Elas querem todas as promessas, quer mereçam ou não. Essa atitude permeia a sociedade moderna e destrói sonhos.

Quantos cristãos estão vendendo sua herança porque acreditam que deveriam ser pobres?

A boa notícia é que 95% das pessoas que você conhece nunca farão nada. Você não tem concorrência para chegar ao sucesso. As pessoas estão buscando justiça, mas a vida não é justa. Você conhece a verdade, por isso pode chegar ao topo. Não troque seu sonho por uma solução a curto prazo.

A Revolução Bolchevique de 1917 mudou drasticamente a Rússia. A classe pobre levantou-se e matou todos os bem-sucedidos na tentativa de nivelar tudo, de dar o mesmo a todos. Eles chamaram o movimento de socialismo ou comunismo. Esperava-se que todos repartissem igualmente todos os bens. O problema foi que, ao matarem os bem-sucedidos, roubaram do coração dos que restaram toda a motivação, por isso ninguém foi atrás de um sonho. Para que se preocupar, já que o sucesso lhe será tirado e dado à outra pessoa que não trabalhou tanto? O sistema veio abaixo em oitenta anos. Não pôde se sustentar.

José começou com um sonho e nunca desistiu dele, independentemente de suas circunstâncias ou do que lhe tenha acontecido. Deus lhe deu um sonho também? Ele falou algo em seu coração? Ele lhe deu um talento, uma corrida para correr, um destino para alcançar? Então se comprometa com o que Deus lhe deu.

Quando eu tinha 7 anos, tomei uma decisão. Lembro-me claramente disso, sentado no meu quarto. Eu disse: "Quero que o mundo seja diferente por que eu vivi." Nem sei ao certo se eu era salvo na época. Minha avó falava de Jesus e provavelmente me conduziu ao Senhor, mas eu não tinha nada em minha vida para confirmar minha salvação. Mas sei que eu tinha um sonho em meu coração e sei que ele veio de Deus. Eu queria fazer a diferença.

Esse deveria ser o sonho do coração de cada pessoa. Você quer que sua vida seja importante por alguma coisa. Agarre-se a um sonho e não abra mão dele.

José começou com um sonho e nunca desistiu dele, independentemente de suas circunstâncias ou do que lhe tenha acontecido.

Existe uma história de um homem que viveu na Europa no início do século 19. Ele sonhava em ir para os Estados Unidos e, por isso, trabalhou e guardou dinheiro para conseguir realizar seu sonho. Durante alguns anos, ele guardou cada centavo que pôde e, por fim, conseguiu comprar uma passagem e viajar de navio.

A viagem durava quase duas semanas naquela época. O homem não falava inglês, por isso, uma vez dentro do navio, ele não sabia muito bem aonde ir. Olhou ao redor e acabou na sala das caldeiras, que lhe parecia agradável e aquecida. Ele havia preparado comida suficiente para toda a viagem, além de um pouco de água.

Quase no fim da viagem, um dos tripulantes o encontrou ali e pensou que ele fosse um passageiro clandestino. Porém o homem respondeu: "Nã o, eu tenho a passagem."

O outro disse: "Mas o senhor tem sua própria cabine. Todas as suas refeições estão pagas, os melhores banquetes e festas. Por que o senhor está aqui?"

O homem encolheu os ombros e respondeu: "Eu não sei."

Quantos cristãos estão fazendo a mesma coisa na vida porque os justos não sabem o que Deus lhes preparou? Eles estão seguindo o caminho da pobreza porque não percebem que Deus lhes prometeu abundância. A abundância está à disposição deles, mas eles não estão vivendo nela. Trocaram sua herança pela ignorância.

CAPÍTULO 6

Seu Maior Inimigo

José era um modelo de Jesus no Novo Testamento. Veremos muitos paralelos entre sua vida e a de Cristo. José representava a vida da graça. Seu pai Jacó, mais tarde com outro nome, Israel, representava a lei. Se for a lei que opera em sua vida, você nunca viverá as promessas que vêm por meio da graça. É a graça que o leva a transpor cada obstáculo, desde que você creia nas promessas.

José foi jogado em um poço. Depois foi tirado do poço e vendido como escravo. Ele foi lançado em um calabouço, mas depois o tiraram de lá. Não importa onde José parasse, ele sairia de onde estivesse. Ele sempre acabou no topo. Qualquer que fosse a situação em que ele se encontrasse, sempre se esforçava ao máximo. Ele foi o melhor escravo, o melhor administrador, o melhor prisioneiro. José se tornou o melhor em todas as situações e chegou ao topo. Teve muitas dificuldades, mas mostrou que qualquer obstáculo pode ser superado.

Em Marcos 4, a parábola do semeador mostra o que tentará lhe impedir de alcançar as promessas de Deus. Vou parafraseá-la um pouco para dar-lhe uma compreensão melhor do significado do texto.

No versículo 14, a parábola diz que o semeador semeia a palavra. Recebemos um sonho de Deus, uma palavra de Deus. Recebemos cura de Deus, uma promessa. Sentimos que a temos.

Pensamos que a temos. Mas aquela que caiu à beira do caminho, as aves vêm e comem parte dela.

Assim que pensamos que a temos, o inimigo vem imediatamente para roubá-la. Jesus recebeu uma palavra de Deus ao emergir da água em seu batismo. O Pai disse: “Este é o meu Filho, em quem me agrado.” Logo o diabo tentou roubar dele aquela palavra. Ele tentou três vezes. A cada vez, o diabo começou com as palavras: “Se és o Filho de Deus...” Ele tentou levar embora a Palavra de Deus.

O inimigo irá se aproximar de você toda vez que você tiver um sonho. Você começará a ir atrás do sonho e o inimigo virá para roubá-lo de você. Ele sussurrará em seu ouvido e tentará fazê-lo duvidar de que realmente foi um sonho de Deus. Ele diz que você não pode correr atrás do sonho, que você não tem instrução suficiente, não parece bom o suficiente, é velho demais, é jovem demais, é muito isso ou muito aquilo. Ao acreditar nele, você já não pode mais acreditar no sonho. Logo começa a contar seu sonho para seus amigos e eles lhe dizem a mesma coisa que o diabo. Agora é que você realmente não acredita no sonho.

Como Jesus respondeu ao diabo? Foi direto à Palavra. Ele não diria outra coisa. Quando o diabo lhe disser que você não pode fazer algo, responda com a Palavra. “Posso todas as coisas por meio de Cristo Jesus que me fortalece. Fui criado à semelhança e à imagem de Cristo. Estou por cima, e não por baixo. Sou cabeça, e não cauda. Desculpe, Diabo, mas você perdeu.”

O segundo lugar onde a semente caiu foi em um terreno pedregoso. Estes são aqueles que ouvem a Palavra e imediatamente a recebem com alegria. Eles se empolgam com o sonho e se emocionam, mas não têm raízes, e só agüentam por pouco tempo. Quando a tribulação e a perseguição vêm por causa da Palavra, eles imediatamente tropeçam ou se sentem ofendidos.

Eles dizem: “Acho que posso”, mas, assim que se deparam com qualquer obstáculo, perdem o sonho de vista. Tudo o que conseguem são grandes montanhas no caminho. Elas parecem muito grandes, muito difíceis de transpor, e eles dizem: "Tentei vencê-las com a fé, mas não funcionou. Dei o dízimo, mas ainda não tenho dinheiro. Acho que não deu certo." E atiram nos próprios pés. O sonho é roubado deles porque eles não têm raízes, não têm profundidade.

Como devemos responder quando nos deparamos com obstáculos? Recorremos diretamente à Palavra. Ela diz que podemos falar ao monte, pedir que se lance ao mar, e, se crermos, ele fará isso. Nenhum monte deveria nos impedir de cumprir nossos sonhos.

Quando o diabo lhe disser que você não pode fazer algo, responda com a Palavra.

O terceiro lugar onde a semente caiu foi entre os espinhos. Estes são aqueles que ouvem a palavra, mas as preocupações do mundo, o engano das riquezas e os anseios por outras coisas entram neles e sufocam a palavra, e ela se torna infrutífera.

Essas são as pessoas que não podem produzir nada. Receberam a palavra e dizem: "Eu acho que posso." Mas se distraem. Veem algo que outra pessoa tem, e seu cartão de crédito diz que elas também podem tê-lo. Elas conseguem, mas normalmente aquilo não é delas. O engano de não ficarem atrás de outros que podem pagar por aquilo faz com que elas se tornem infrutíferas. E nunca terão muito porque gastam todo seu dinheiro tentando ter o que não podem comprar antes de terem condições para isso.

Se você esperasse em Deus e adotasse o processo de um investidor até que seus investimentos ultrapassassem suas despesas e seus dividendos fossem aparecendo, poderia começar a comprar sem fazer dívidas. Isso é o engano das riquezas. Aprenda a fazer as coisas do jeito de Deus e aprenda a ter paciência.

O último lugar onde a semente caiu foi em boa terra. Esta representa aqueles que ouvem a palavra, aceitam-na e dão frutos, de trinta por um, de sessenta por um e de cem por um. Este é o grupo de Deus. Ele disse: "Se você for paciente e perseverar, chegará à superfície e se tornará o primeiro."

O perigo do conforto

Todas essas coisas podem conspirar para roubar-lhe seu sonho. Como José, você precisa se apegar ao sonho, aconteça o que acontecer. José foi atacado por seus irmãos, mas havia um problema ainda maior que estava entre ele e seu sonho. Antes de tudo isso acontecer, ele estava cômodo. Ele teve um sonho do que Deus queria fazer, mas se contentava em ficar sentado em casa. José, de fato, não estava fazendo muita coisa. E isso era parte do motivo por que seus irmãos o odiavam. Eles faziam todo o trabalho.

O conforto lhe roubará seu sonho. Para tirar-lhe de seu conforto, Deus muitas vezes permite que suas circunstâncias lhe deixem pouco à vontade.

A Bíblia muitas vezes usa a analogia da águia. Papai e mamãe águia constroem um ninho em um lugar muito alto de um penhasco ou em uma árvore alta. Eles entrelaçam galhos que eles mesmos quebram e trançam para fazer um grande ninho. Então arrancam as penas e cobrem o interior do ninho para que ele fique macio, aveludado e confortável. Depois põem ali seus ovos e esperam os filhotes nascerem.

O conforto lhe roubará seu sonho.

Os filhotes de águia vivem naquele ninho quentinho, todos bem acomodados e confortáveis. O ninho é macio, e o vento não pode entrar. E ficam ali o dia todo enquanto mamãe e papai levam comida para eles e cuidam deles. Eles podem ver os pais cortando as nuvens em um voo alto e pensam que seria maravilhoso fazer aquilo algum dia, mas, por enquanto, é bem mais confortável ficar no ninho.

Eles têm um sonho, mas não fazem nada para realizá-lo porque é mais confortável onde estão. Eles são como pessoas acomodadas no deserto.

Então chega o dia em que mamãe e papai decidem que é hora de os filhotes voarem e começarem a cuidar de si mesmos. Eles olham para os filhotes e dizem: “Vocês já estão bem gordinhos.”

E começam a tirar as penas que forravam o ninho e a jogá-las para fora. Não demora muito e o vento frio começa a entrar no ninho. Os filhos começam a tremer.

Depois os galhos começam a espetá-los. O ninho começa a ficar desconfortável. Não demora muito e eles já não conseguem suportá-lo por muito mais tempo e sobem na beira do ninho. Mamãe olha para eles e, de repente, dá um tapinha nas costas deles e os empurra para fora do ninho.

Agora eles têm de fazer alguma coisa. É instintivo. Logo começam a bater as asas por causa do desespero, pois estão indo em direção ao chão.

Sua mãe não os abandona. Ela espera um pouco e depois se lança para baixo e os apanha pouco antes de baterem no chão. Ela os leva de volta lá para cima e os coloca na beira do ninho. Dá-lhes um tempinho para que se acalmem e depois dá outra palmadinha neles, e lá vão eles de novo. Ela continua a fazer isso até que aprendam a bater as asas o suficiente para pousarem na terra sozinhos. Em pouco tempo eles já estão voando como águias.

Deus põe um sonho em nosso coração e, às vezes, a única coisa que nos tira do conforto do deserto é uma situação em nossa vida que faz com que nos mexamos, uma força externa que nos arranca de nossa zona de conforto. Deus não nos fere, mas usa/permite os ataques do inimigo para nos motivar.

Precisamos continuar a seguir em frente. Não queremos ser um lago parado. Queremos ser a água corrente que tem vida. Um lago parado cheira mal. Temos de ser cautelosos e ficar atentos aos perigos que o conforto pode nos causar. Às vezes é preciso que uma força externa faça com que nos mexamos.

Eu posso lhe dizer que você deveria se alimentar bem e fazer exercícios. Você provavelmente concordaria comigo, mas isso não significa que se preocuparia em fazer isso. Mas quando o médico diz: “Se não mudar seus hábitos alimentares, você vai morrer”, você subitamente fica motivado. Conheço pessoas que não mudariam nem mesmo assim. Elas precisaram ter um infarto para que mudassem. Você precisa mudar antes que a força externa faça você se mexer. É muito mais fácil.

Muitas pessoas sabem de dificuldades financeiras e, mesmo assim, nada fazem com relação a isso. Muitas vezes as pessoas me procuram e dizem: “Vão hipotecar minha casa amanhã.”

Minha pergunta é: “Você sabia disso no mês passado. O que fez para se preparar para isso? Arrumou outro emprego para ganhar mais dinheiro? Cortou algumas despesas para ter certeza de que não acabaria no meio da rua?” É lamentável, mas, para muitas pessoas, é preciso que algo drástico, como uma falência, por exemplo, aconteça para que elas se motivem a fazer algo com relação à sua situação financeira.

José foi subitamente arrancado de seu conforto e teve de fazer algo. O que fez, mostrou que tinha caráter. Ele se agarrou ao sonho que Deus lhe deu e se apegou à Palavra de Deus. Foi por isso que conseguiu sair do poço e assumir o trono, sair da escravidão e cumprir o sonho. Seu caráter levou-o a se erguer em toda situação e se colocar acima de todo obstáculo. Essa é a razão por que precisamos da Palavra de Deus. Precisamos confessá-la e cultivá-la em nossa vida.

Se você examinar o vocábulo “motivação” no dicionário, verá que ela é definida como “algo que provoca um movimento ou uma ação; uma ideia, uma necessidade, uma emoção que nos estimula a agir”. Deus nos motiva por meio do medo e da recompensa. O mundo usa algumas das mesmas técnicas. Em alguns casos, para serem salvas, as pessoas são motivadas pelo medo. Elas não querem ir para o inferno e queimar no fogo. Para outras, o que as atrai à salvação é a recompensa. Elas sabem que, se nascerem de novo, serão abençoadas. De um modo ou de outro, você ainda é salvo. A motivação faz com que sigamos na direção correta.

José foi motivado por seu desejo de realizar um sonho. Se você estiver tentando se motivar, precisa ter vontade de cumprir seu sonho, qualquer que seja. Pense nesse sonho e comece a vê-lo e a pensar na recompensa. Se você tiver algum medo em relação a ele, deixe que esse medo se torne uma motivação que o irá impulsionar a cumprir seu sonho. Apenas continue em frente.

José foi motivado a levar uma vida espiritual íntegra, que o motivou a mudar áreas de sua vida para que o caráter capaz de controlar sua carne e torná-la obediente ao sonho fosse desenvolvido.

CAPÍTULO 7

Medo da Mudança

O medo é a razão por que buscamos conforto. Sempre queremos conforto, o suficiente para comer, para termos boas roupas, uma bela casa para morar, um bom carro para dirigir. Mas o desejo fundamental é a segurança. Queremos saber que as coisas não vão mudar.

O problema é que não há segurança na face da terra a não ser nossa segurança em Cristo Jesus. Você não pode ter segurança em seu emprego. Você não pode ter segurança na economia mundial. Você não pode ter segurança em nenhuma área. Nem mesmo sabe o que o amanhã reserva.

Por isso buscamos conforto para não termos de enfrentar o desconhecido e a incerteza. É interessante ver como as pessoas se acomodam em qualquer lugar. Você pode morar acomodado em uma caixa de papelão e revirando a lata de lixo nos fundos do McDonald's à procura de comida. Você pode se acomodar porque, mesmo que a vida não seja tão maravilhosa assim, pelo menos você sabe o que esperar. A maioria das pessoas prefere um inferno que conheçam bem a um paraíso desconhecido. Seu medo é um empecilho para você.

No entanto, Deus nos chama para uma posição de fé, não de medo. A segurança que imaginamos ter é ilusória. Mudança é bom. Deveríamos estar sempre em processo de crescimento e de mudança.

Isso significa que temos de ir além de onde estamos. Não podemos buscar conforto nem segurança.

Uma vez que você entende o processo de riqueza, você percebe que poderia perder tudo e recuperá-lo novamente, pois sabe como o sistema funciona e sabe que continuará a ganhar riquezas. Uma vez nesse ponto, você nunca se preocupara nem sentirá medo novamente. Esse é o lugar onde Deus quer que ajamos. Ele não quer que tenhamos medo. Quando você vive com medo, é a riqueza que lhe controla. Você serve à riqueza, e não ela que lhe serve. Jesus disse isso desta forma:

> *Ninguém pode servir a dois senhores; pois odiará um e amará o outro, ou se dedicará a um e desprezará o outro. Vocês não podem servir a Deus e ao Dinheiro.*
> (Mateus 6.24)

De uma forma mais simples, o plano de Deus para sua vida é que você tenha um emprego, trabalhe pela semente, invista no Reino de Deus e na terra. Ele fará prosperar tudo aquilo que suas mãos tocarem e, assim que seu investimento na terra começar a render dividendos superiores às suas despesas, então o dinheiro trabalhará para você. Quando o dinheiro estiver trabalhando para você, você pode trabalhar para Deus. Você não pode servir a Deus de maneira eficiente se toda a sua energia estiver dedicada a trabalhar para o dinheiro.

Jesus continuou ao se concentrar na preocupação.

> *"Portanto eu lhes digo: Não se preocupem com sua própria vida, quanto ao que comer ou beber; nem com seu próprio corpo, quanto ao que vestir. Não é a vida mais importante que a comida, e o corpo mais importante que a roupa? Observem as aves do céu: não semeiam nem colhem nem armazenam em celeiros; contudo, o Pai celestial*

> *as alimenta. Não têm vocês muito mais valor do que elas? Quem de vocês, por mais que se preocupe, pode acrescentar uma hora que seja à sua vida? Por que vocês se preocupam com roupas? Vejam como crescem os lírios do campo. Eles não trabalham nem tecem. Contudo, eu lhes digo que nem Salomão, em todo o seu esplendor, vestiu-se como um deles. Se Deus veste assim a erva do campo, que hoje existe e amanhã é lançada ao fogo, não vestirá muito mais a vocês, homens de pequena fé? Portanto, não se preocupem, dizendo: 'Que vamos comer?' ou 'Que vamos beber?' ou 'Que vamos vestir?' Pois os pagãos é que correm atrás dessas coisas; mas o Pai celestial sabe que vocês precisam delas".* (Mateus 6.25-32)

Jesus disse que a preocupação não fará outra coisa senão encurtar sua vida. Sua constante preocupação não está lhe fazendo nenhum bem. Está lhe fazendo mal, prejudicando sua vida física e sua saúde. Está confundindo e prejudicando sua mente. Você não pode pensar no que poderia fazer e nas oportunidades que estão à sua disposição porque está se preocupando com o que pode acontecer.

Há um remédio para a preocupação. Jesus oferece-o no versículo seguinte.

> *Busquem, pois, em primeiro lugar, o Reino de Deus e a sua justiça, e todas essas coisas lhes serão acrescentadas.* (Mateus 6.33)

O significado de buscar o Reino de Deus vai além da simples leitura deste livro. Foi-nos dada a posição ou o ministério da reconciliação. Vimos anteriormente que isso significa não somente reconciliar pessoas, mas reconciliar todas as coisas, reconciliá-las com o Reino de Deus. Significa que nos foi dada a responsabilidade de ganhar os perdidos por meio do sangue de Jesus. Também significa que nos foi dada a responsabilidade de tomar as riquezas dos ímpios e trazê-las para o Reino de Deus. Devemos reconciliar todas as coisas.

Quando buscamos o Reino de Deus, nós nos tornamos praticantes da Palavra e não somente meros ouvintes. Jesus disse que se fizermos isso, então todas aquelas outras coisas – comida, roupas, abrigo, ou seja, riquezas – virão para nós.

No entanto, é aqui que muitas pessoas não entendem o principal. Elas acham que se ficarem sentadas, buscando a Deus e lendo a Bíblia 24 horas por dia, elas estarão buscando o Reino e não terão de fazer mais nada. Muitos cristãos fazem isso. Alguém clama: "Vou me apegar a Deus. Estou orando 24 horas por dia em minha choupana na floresta. Estou buscando a Deus. Vou orar na beira do altar e chorar, clamar, implorar, e vou fazer com que Deus se mova em meu favor, e ele vai me dar riqueza e saúde."

Ao mesmo tempo, Deus diz: "Por que você simplesmente não começa a se alimentar direito? Arrume um emprego. Então você terá dinheiro. Invista-o e veja o que acontece."

Buscar o Reino de Deus não significa se isolar do mundo, mas entrar no ministério de reconciliação da terra com Deus e cumprir a Palavra. A fé sem obras é morta.

Não há segurança fora do conhecimento de Cristo.

Não há segurança fora do conhecimento de Cristo. Imagine quantas pessoas no Antigo Testamento tiveram de sair de seu conforto para enfrentar seus medos porque Deus ordenou que se mexessem. Abraão teve de deixar seu país e sua família, toda a sua segurança. Deus nem sequer lhe disse para onde ele iria. Mas apenas uma "terra que eu lhe mostrarei". Isso dá muita insegurança. Entretanto, Abraão confiou em Deus e se mexeu, recebendo, assim, as promessas.

Davi deixou a segurança e o conforto de seu trabalho como pastor de ovelhas para enfrentar um gigante. Ele ganhou um reino. Jacó deixou sua casa para ir a uma terra distante onde não conhecia ninguém e não tinha nada. Ele voltou como um dos homens mais ricos do mundo.

Deus sempre nos tira de nosso conforto para enfrentarmos nossos medos. E, quando enfrentamos nossos medos, podemos ir com fé e crer em Deus, e, então, vermos suas promessas se cumprirem em nossa vida.

Conforto e medo de mudança são obstáculos para a maioria das pessoas. Há uma história sobre um monte na Suíça que se levava um dia para subir e outro para descer. Quase na metade da subida, havia uma cabana onde os alpinistas podiam descansar perto de uma lareira e com uma boa refeição.

Eles preparavam-se e treinavam para a escalada, exercitando-se, andando e subindo, para se acostumarem com o baixo nível de oxigênio em altitudes elevadas. Aprendiam a prender e soltar as cordas, andar com as botas de alpinista e usar todos os equipamentos de que precisariam para a escalada. E certificavam-se de que estavam com roupas adequadas.

Finalmente chega o dia e uma equipe se reúne ao pé do monte. Juntos, começam uma escalada de manhã bem cedo. É uma subida íngreme e exaustiva. Na metade do caminho, alcançam a cabana. Há uma lareira e boa comida. Eles tiram os equipamentos e descansam em um sofá macio. A paisagem é maravilhosa e a vida é ótima. E se acomodam.

Então chega a hora de continuar. Inevitavelmente, são poucos os que colocam novamente todo o equipamento e continuam a subir a montanha. Os outros ficam sentados em volta da lareira, conversando, cantando e comendo. Eles se despedem de seus companheiros e dizem que se juntarão aos demais no dia seguinte para a descida.

Por volta das quatro da tarde, assim que o sol se põe atrás da montanha, a cabana de repente fica em silêncio. Um a um, eles se amontoam perto do telescópio do qual podem ver o topo da montanha ou pegam binóculos e observam seus amigos lá em cima, quase chegando ao pico, quase alcançando o objetivo, quase no fim da subida.

No silêncio, cada um começa a se perguntar como seria estar lá em cima. Eles começam a pensar se escolher o conforto em vez de o objetivo é uma atitude inteligente. Mas, àquela altura, é tarde demais para ir. Tudo o que podem fazer é ver o sucesso dos outros que decidiram deixar o conforto da cabana para trás.

A melhor maneira de fazer com que o amanhã seja melhor é fazer algo hoje que possa melhorá-lo.

Muitos cristãos fazem o mesmo em sua vida. Eles se preparam por meio da escola e dos estudos. Aprendem com suas experiências. Aprendem com a Palavra. Estudam e pensam em como vencer na vida. Confessam a Palavra. Depois se põem na estrada rumo ao sucesso.

Eles encontram um lugar confortável. A estrada é árdua, por isso eles dizem a si mesmos que precisam descansar um pouco. E nunca mais se mexem. No final da vida, ouvirão Jesus dizer aos outros: "Muito bem, servo bom e fiel." Então, quando chegar a vez deles, tudo o que ouvirão será: "Você correu a corrida? Você fez tudo o que podia? Você foi atrás do sonho que lhe dei?" E se arrependerão por terem escolhido o conforto.

Napoleon Hill disse: "Tudo o que a mente do homem pode conceber e pensar, ela pode alcançar." O apóstolo Paulo colocou a questão desta forma: "Tudo posso naquele que me fortalece" (Filipenses 4.13). Jesus disse: "Tudo é possível àquele que crê" (Marcos 9.23).

A melhor maneira de administrar seu futuro é começar a criá-lo hoje. A melhor maneira de fazer com que o amanhã seja melhor é fazer algo hoje que possa melhorá-lo. Do contrário, o amanhã será como hoje. Quando você sai do barco, você está com Jesus. Quando você fica no barco, tudo o que você tem é mau tempo e mais discípulos.

Vamos para o topo. Corramos nossa corrida. Seu passado não é seu futuro. Muitas pessoas acreditam que seu passado e o futuro são a mesma coisa, que o que já viveram é exatamente o que viverão. Mas isso não é o plano de Deus. Ele disse para esquecermos o passado, e prosseguirmos para o grande chamado. Isso não significa ficar onde você está, mas sair de sua zona de conforto e seguir em frente.

José e a fome

José era um homem que não tinha medo de experimentar algo diferente. Ele definitivamente saía da caixa quando pensava. Não fazia coisas só porque todos os outros achavam que era assim que tinha de ser. Vemos uma lição importante em um incidente em particular.

À medida que a idade do pai de José, Jacó, também chamado Israel, ia avançando, José chamou seus dois filhos para serem abençoados pelo avô. Esta era uma prática comum no Antigo Testamento. O patriarca da família impunha suas mãos sobre a cabeça dos filhos e declarava uma bênção para eles.

Tradicionalmente, o filho mais velho recebia duas vezes a parte da herança do que os outros e, por isso, acreditava-se sempre que ele deveria ter a maior parte da bênção também. Era costume o patriarca pôr sua mão direita sobre a cabeça do filho mais velho e a mão esquerda sobre a do outro. Foi assim que José os apresentou. Manassés era o primogênito, por isso José colocou-o do lado esquerdo de seu irmão, Efraim, para que a mão direita de Jacó naturalmente caísse sobre sua cabeça.

Mas, quando estendeu a mão para abençoar os dois meninos, Jacó fez algo interessante.

> *Israel, porém, estendeu a mão direita e a pôs sobre a cabeça de Efraim, embora este fosse o mais novo e, cruzando os braços, pôs a mão esquerda sobre a cabeça de Manassés, embora Manassés fosse o filho mais velho.* (Gênesis 48.14)

Ele inverteu as mãos, quebrando a tradição. Fez algo que fugia à norma. José tentou impedi-lo, mas Jacó insistiu.

> *Quando José viu seu pai colocar a mão direita sobre a cabeça de Efraim, não gostou; por isso pegou a mão do pai, a fim de mudá-la da cabeça de Efraim para a de Manassés, e ele lhe disse: "Não, meu pai, este aqui é o mais velho; ponha a mão direita sobre a cabeça dele."*
>
> *Mas seu pai recusou-se e respondeu: "Eu sei, meu filho, eu sei. Ele também se tornará um povo, também será grande. Apesar disso, seu irmão mais novo será maior do que ele, e seus descendentes se tornarão muitos povos."* (Gênesis 48.17-19)

A lição aqui é que Deus olha para o coração, não para a linhagem. Se você acha que não pode vencer na vida porque é pobre e sua família sempre foi pobre, então não entendeu o modo de agir de Deus. Ele sempre dá preferência aos que estão dispostos a fazer as coisas como ele quer, seja qual for seu ponto de partida.

Vemos isso muitas vezes nas Escrituras. Efraim e Manassés não foram os primeiros nem seriam os últimos exemplos disso. O próprio Jacó não era o filho mais velho. Aparentemente, quem deveria ter ficado com a herança e a bênção era seu irmão, Esaú. Mas Esaú a trocou. Jacó se dispôs e, por isso, Deus o abençoou, em vez de abençoar o filho mais velho.

Caim era o filho mais velho, mas Deus deu preferência à oferta de seu irmão, Abel. Isso aconteceu por causa da atitude que Abel teve.

> *Passado algum tempo, Caim trouxe do fruto da terra uma oferta ao SENHOR. Abel, por sua vez, trouxe as partes gordas das primeiras crias do seu rebanho. O SENHOR aceitou com agrado Abel e sua oferta* (Gênesis 4.3-4).

A diferença foi que Abel trouxe o melhor, a primeira cria, a parte gorda. Ele honrou a Deus com o melhor que tinha. Caim simplesmente trouxe qualquer coisa.

Em uma escala maior, Adão deveria ser o governador da terra. Mas perdeu esse direito por causa do pecado. A herança passou para o segundo Adão, Jesus Cristo, que veio em obediência e cumpriu a vontade do Pai.

Deus não dá preferência àquele a quem imaginamos que ele deveria dar. Parece que ele prefere o segundo, por nenhuma outra razão que a atitude do coração. Até a nação de Israel ilustra isso. Os israelitas eram o povo escolhido de Deus, receberam uma posição elevada no mundo, eram os protegidos de Deus. Foi por meio deles que o Messias nasceu neste mundo.

Mas Deus queria que usassem aquela posição privilegiada para ser uma bênção para o mundo. Em vez disso, orgulharam-se dela e começaram a evitar o restante do mundo. Quando o Messias veio, eles o rejeitaram completamente.

Ele quer fazer de você o primeiro, levá-lo ao topo e dar-lhe muita prosperidade.

João 1.10 diz-nos que Jesus veio para os seus, mas os seus não o receberam. Consequentemente, Deus os rejeitou e procurou aqueles que o receberiam. Deus responde a todo aquele que lhe responde, todo aquele que lhe obedece, todo aquele que sai e começa a avançar para reconciliar a terra com o Reino de Deus.

Você foi enviado como ovelha entre lobos. Não é normal que as ovelhas vençam os lobos, mas é exatamente isso que Deus tem em mente. O sistema do mundo pode tentar convencê-lo de que você não está apto a vencer na vida, mas não é assim que Deus faz as coisas.

Ele quer fazer de você o primeiro, levá-lo ao topo e dar-lhe muita prosperidade.

O segredo da riqueza

É surpreendente ver como foi simples o sucesso de José quando pensamos no que ele fez. Ele usou práticas empresariais básicas de senso comum e, no final, controlou toda a riqueza do Egito. Em Gênesis 41, lemos sobre um sonho que faraó teve e não conseguiu entendê-lo. José foi levado até ele e explicou que Deus lhe estava dando um aviso. Haveria sete anos de grande abundância seguidos por sete anos de grande fome.

Consequentemente, José foi encarregado de cuidar dos preparativos para o período de fome. Seu modo de lidar com a situação mostra-nos o segredo básico da riqueza. Durante os anos de abundância, enquanto tudo era barato, ele comprou tudo o que pôde.

> *José recolheu todo o excedente dos sete anos de fartura no Egito e o armazenou nas cidades. Em cada cidade ele armazenava o trigo colhido nas lavouras das redondezas. Assim José estocou muito trigo, como a areia do mar. Tal era a quantidade que ele parou de anotar, porque ia além de toda medida.* (Gênesis 41.48-49)

Quando vieram os anos de fome, José estava preparado para eles. Quando a produção acabou, José começou a vender o que havia estocado durante os anos de fartura. Ele continuou a vender até acabar todo o dinheiro no Egito. Foi José quem ficou com todo o dinheiro.

> *José recolheu toda a prata que circulava no Egito e em Canaã, dada como pagamento do trigo que o povo comprava, e levou-a ao palácio do faraó.* (Gênesis 47.14)

Acabado o dinheiro, José começou a fazer trocas. O povo concordou em trocar seus rebanhos por comida. Em pouco tempo, José era dono de todos os rebanhos na terra. No ano seguinte, eles trocaram suas terras e, não demorou muito, José era dono de toda a terra.

Você pode comprar coisas por um preço baixo quando há fartura e depois, quando não houver o suficiente, vendê-las por um preço alto. Esse é o segredo da riqueza. Se fizer isso, a riqueza não lhe escapará. O problema é que pagamos caro quando compramos e vendemos barato, e, depois, nos perguntamos por que permanecemos na pobreza.

Há tantas coisas na vida nas quais você pode aplicar este princípio, se simplesmente observar as oportunidades à sua volta. Se você vender alguma coisa por um real a mais do que pagou por ela, já saiu no lucro. Foi só isso que José fez.

Os cristãos estão se desvalorizando para o mundo. Jesus pagou um preço muito alto para nos comprar da pobreza e nos pôr no caminho da prosperidade. Ele pagou o preço para que você não tivesse de adoecer ou se arruinar. Não importa onde você começou. Deus deseja sucesso para você.

Os cristãos estão se desvalorizando para o mundo.

> *Irmãos, pensem no que vocês eram quando foram chamados. Poucos eram sábios segundo os padrões humanos; poucos eram poderosos; poucos eram de nobre nascimento. Mas Deus escolheu o que para o mundo é loucura para envergonhar os sábios, e escolheu o que para o mundo é fraqueza para envergonhar o que é forte. Ele escolheu o que para o mundo é insignificante, desprezado e o que nada é, para reduzir a nada o que é. (1* Coríntios 1.26-28)

A palavra “loucura” refere-se “aos que precisam de ajuda”. Deus usa aqueles que reconhecem que não podem fazer as coisas sozinhos e leva-os ao sucesso.

"Fraqueza" refere-se àqueles que são "ingênuos, motivos de riso ou medianos". Deus tirou-nos da média. Ele usará pessoas comuns e fará com que sejam grandes.

O que é "insignificante" refere-se a um grupo interessante. No grego refere-se a alguém "em estado de coma, que é cabeça de vento". Você pode achar que não tem inteligência, mas Deus disse que usaria até quem está em coma e é cabeça de vento, e que iria levantá-lo.

Deus quer que peguemos a pobreza e não liguemos para ela, porque ganhamos riquezas. Ele quer que peguemos a doença e não liguemos para ela, porque ganhamos saúde. Ele quer que peguemos a tristeza e o sofrimento e não liguemos para eles, porque ganhamos alegria. Ele quer que peguemos a confusão e não liguemos para ela, porque temos paz. Ele quer que peguemos cada promessa em sua Palavra e a usemos para reconciliar a terra com o Reino de Deus.

CAPÍTULO 8

Investimento - A Única Maneira de Ter Muito

O mundo imagina que, se investir seu tempo e sua vida em algo, produzirá riquezas. Todos nós conhecemos pessoas muito ricas. O problema é que elas não desfrutam de suas riquezas. Elas ainda têm medo, preocupação, ganância, cobiça, uma ambição egoísta e todos os tipos de coisas que as atormentam.

Quando nascemos de novo, deixamos aquele sistema para trás e participamos de um novo sistema. Deus quer que tenhamos muito, mas que tenhamos isso com alegria, paz, saúde, e sem preocupação. Temos simplesmente de fazer as coisas como Deus quer.

O princípio do investimento, no entanto, não é apenas uma parte do sistema do mundo. É um princípio que Deus nos deu. Infelizmente, muitos cristãos o têm ignorado. Ficamos sentados, sem fazer nada, esperando que Deus faça cair riquezas no nosso colo. Não é assim que acontece. Você tem de investir. O próprio Deus investiu na terra.

> *Porque Deus tanto amou o mundo que deu o seu Filho Unigênito, para que todo o que nele crer não pereça, mas tenha a vida eterna.* (João 3.16)

Todos nós já ouvimos esse versículo centenas de vezes. Para aqueles que cresceram na igreja, esse provavelmente foi o primeiro versículo que memorizaram. A maioria dos cristãos pode citá-lo. O que quero que você observe neste exato momento é a primeira parte do versículo. Deus tanto amou o mundo que deu.

Deus apenas investiu na terra. A terra estava perdida nas mãos do inimigo. Quando Adão pecou, praticamente entregou a terra nas mãos do inimigo. Então Deus disse: "O que precisa acontecer agora é que eu invista algo para que possa fazer uma colheita."

Deus quer que tenhamos muito, mas que tenhamos isso com alegria, paz e saúde, e sem preocupação.

Deus enviou seu Filho. Jesus, o Verbo, fez-se carne. Jesus tornou-se a semente que Deus semeou na terra. Jesus foi semeado como um investimento.

Jesus disse que se a semente não cair na terra e não morrer, ela não poderá dar frutos (João 12.24). Ele morreu, foi sepultado e ressuscitou, e, por meio dele, toda a raça humana pode ser resgatada. Deus semeou uma semente e, consequentemente, colheu milhões. Na verdade, ele ainda está fazendo uma colheita daquela única semente. Ele pagou o preço mais alto, mas, em troca, ganhou muito.

Deus colheu do que semeou. Esse princípio é o fundamento de tudo na vida. A ideia de semear e colher já existia desde o início e não desaparecerá. Deus disse a Noé que era um princípio eterno.

> *"Enquanto durar a terra,*
> *plantio e colheita,*
> *frio e calor,*
> *verão e inverno,*
> *dia e noite jamais cessarão."*
> (Gênesis 8.22)

Enquanto durar a terra, teremos essas coisas. Plantio e colheita estarão conosco. É assim que tudo funciona.

Agora vamos trazer este entendimento para nosso mundo. Plantio é quando você planta. Plantio é investimento. Colheita é quando você colhe do que plantou. Colheita é dividendo. Você não poderá ganhar muito sem investimento. Isso não funcionará de modo algum.

Deus requer de nós quatro investimentos básicos se quisermos ter muito. Precisamos ter o cuidado de investir nos quatro.

Jesus tornou-se a semente que Deus semeou na terra.

1. Invista-se

A primeira coisa que Deus requer é que você se invista no Reino de Deus. Você tem de abandonar aquela velha vida e entrar em uma vida nova. Ele quer que você nasça do Espírito para que se torne parte do Reino de Deus. Ele é o Pai, e não quer que ninguém pereça. É uma escolha que você tem de fazer. Deus preparou um lugar para aqueles que não o aceitarem. Você tem uma escolha.

Se você se semeia para a salvação e recebe Jesus como seu Salvador, você nasce de novo. De acordo com o princípio de plantio e colheita, isso significa que você tem de colher algo de seu investimento. É preciso haver uma colheita. Encontramos essa colheita descrita em Romanos.

> *Portanto, fomos sepultados com ele na morte por meio do batismo, a fim de que, assim como Cristo foi ressuscitado dos mortos mediante a glória do Pai, também nós vivamos uma vida nova. Se dessa forma fomos unidos a ele na semelhança da sua morte, certamente o seremos também na semelhança da sua ressurreição. Pois sabemos que o nosso velho homem foi crucificado com ele, para que o corpo do pecado seja destruído, e não mais sejamos escravos do pecado.* (Romanos 6.4-6)

Há várias coisas nessa passagem que fazem parte de sua colheita. Você colhe uma vida nova. Você colhe perdão de todos os seus pecados – do passado, do presente e do futuro. Você colhe um manto de justiça que agora o cobre e o coloca na posição correta diante de Deus. Você foi coberto pelo sangue de Jesus e está novinho em folha.

Isso me lembra meu neto. Quando estava com quase 4 anos, nós o levamos para fazer uma pequena viagem de avião e ele não gostou. E não quis mais andar de avião. Quando entramos no avião para a viagem de volta, ele disse: "Vovô, eu já passei por isso." Bem, em se tratando de morte, podemos dizer: "Eu já passei por isso."

Colhemos vida e não temos mais de morrer. Colhemos perdão, vida, graça e justiça. Nosso investimento está rendendo grandes benefícios eternos.

2. Invista seu dízimo

A segunda área de investimento que Deus espera de nós é o dízimo. Em certos sentidos, trata-se de uma questão de ensino. Quando você cria seus filhos, uma das primeiras coisas que deseja que aprendam é obedecer. Há um processo pelo qual passamos para fazê-los entender a importância da obediência.

Quando nasceu de novo, você era um bebê, e Deus teve de lhe dar alguns ensinamentos. Ele disse: "Onde estiver o seu tesouro, aí também estará o seu coração" (Mateus 6.21). Ele disse em Malaquias: "Faça isso e me prove, e veja se não vai dar certo." Em outras palavras: "Obedeça."

Dízimo tem a ver com obediência. Não é uma questão de gostar ou não.

Dízimo tem a ver com obediência. Não é uma questão de gostar ou não. Deus não perguntou se você gostou. Ele simplesmente perguntou se você faria isso. Se fizer, você dará um dos passos fundamentais para ter muito.

Quando você cativar o coração de um filho, poderá conduzir a vida dele. Se você nunca cativar o coração de seu filho, nunca conduzirá a vida dele. O mesmo se aplica a você. Se Deus puder cativar seu coração, poderá conduzir sua vida. É por isso que ele quer aquilo que mais gostamos. Ele sabia que, se pudesse ter aquilo a que temos apego, ele cativaria nosso coração. Então nós lhe obedeceríamos e nosso coração começaria a entrar em seu reino.

É por isso que ele pede o dízimo. Se você investir seu tesouro no Reino, seu coração também estará lá. Se seu coração estiver lá, Deus poderá conduzir sua vida. Se Deus puder conduzir sua vida, então ele poderá dar-lhe bênçãos.

3. Invista sua oferta

Deus também quer que você cresça em amor. É para lá que ele está tentando levar seu coração. Ele quer que cheguemos à posição do amor.

O passo nº 3 é o investimento de sua oferta, porque ela é uma medida de amor. Você pode fazê-la ou não. Deus requer o dízimo, mas a oferta é escolha sua. Se você tem apenas o suficiente para viver, é difícil fazer uma oferta. Você não pode investir muito. Por isso Deus quer que tenhamos muito para que, quando ofertarmos, seja um momento alegre e agradável. Se você fizer uma oferta e, por causa dela, seus filhos não tiverem o que calçar, ela é, por assim dizer, um empecilho. É difícil fazê-la.

Lembro-me de quando passei por uma situação em que não tínhamos como pagar as contas no final do mês, por isso semeei o pouquinho de dinheiro que possuía. Fiz uma oferta. Afinal, eu não tinha mesmo como pagar as contas. Assim, semeei na fome. Consequentemente, Deus supriu minha necessidade no final do mês. Ele fará isso, então não entenda mal o que estou dizendo. Mas Deus está procurando alguém que dê com alegria.

Paulo esteve em Corinto. Os coríntios estavam planejando fazer uma oferta, mas a oferta não tinha nada a ver com o dízimo deles. Eles fariam uma oferta missionária para a igreja em Jerusalém que, na época, passava por necessidades. Por isso Paulo procurou aqueles que tinham muito para pedir que doassem a quem tinha pouco.

Ele lhes disse que enviaria alguém para recolher a oferta e que eles deveriam dar com alegria.

> *Cada um dê conforme determinou em seu coração, não com pesar ou por obrigação, pois Deus ama quem dá com alegria.* (2 Coríntios 9.7)

Há alguns que apontam esse versículo como prova de que não precisam dizimar, que, segundo Paulo, eles devem dar de acordo com o que podem. Mas isso não é dízimo. Paulo estava se referindo a uma oferta. A oferta deve ser de acordo com seu coração. É uma medida de amor. Mostra que você tem compaixão pelo Reino de Deus. E Deus vê o coração.

A oferta deve ser de acordo com seu coração.

Romanos 6.14 nos diz que não estamos debaixo da lei, mas debaixo da graça. Deus lhe trouxe a uma posição de graça. Ele quer que você trabalhe naquilo que Jesus já fez por você, não em uma posição na lei; quer que você dê ao Reino de Deus por amor, não porque alguém está exigindo isso de você. É uma medida de seu coração. Se sua oferta for de um real, mas se você a fizer com alegria, então Deus ficará emocionado também.

Paulo diz que você deve dar com alegria. Contudo, pouco antes deste versículo, vemos novamente a ideia de semear. A oferta é um investimento, e existe uma colheita ligada a ela.

> *Lembrem-se: aquele que semeia pouco, também colherá pouco, e aquele que semeia com fartura, também colherá fartamente.* (2 Coríntios 9.6)

Em outras palavras, você não deve dar com pesar, porque isso realmente é um de seus investimentos. Você deve ficar entusiasmado, doar por causa do amor pelo Reino e porque sabe que isso trará uma colheita que lhe permitirá doar ainda mais. Sua oferta tem o poder de produzir algo.

Malaquias 3.10-12 nos dá uma boa descrição do que esse investimento produz. Os dízimos fazem com que Deus repreenda o devorador para que ele não possa levar nossos bens. As ofertas abrem as comportas dos céus para que a bênção seja derramada.

Não quero dizer que a bênção vai derramar dinheiro no seu colo. Trata-se de uma bênção que produz crescimento e multiplicação em seus investimentos na terra. Isso nos leva à próxima área.

4. Invista na terra

A bênção, como é retratada em Malaquias e em outras passagens do Antigo Testamento, tem a imagem da chuva caindo sobre colheitas e fazendo-as crescer. Não é dinheiro que Deus fará chover sobre você. Se não houver nada semeado, então ela não terá sobre o que cair.

Essa é a área que muitas pessoas não entendem. Deus quer que invistamos em todas essas quatro áreas. Primeiro, investimos em nós mesmos e colheremos os benefícios do perdão e da vida eterna.

Em seguida, Deus quer que invistamos no dízimo. Isso funciona como uma apólice de seguro. Quando dizimamos, Deus repreende o devorador, e o inimigo não poderá mais tocar em nossas coisas. Deus as protegerá.

O terceiro investimento está na oferta, que é uma medida de nosso amor pelo Reino de Deus. Ela faz nosso coração se aprofundar cada vez mais no Reino para que Deus tenha maior controle sobre nossa vida e o Espírito Santo possa nos conduzir na direção correta e de maneira mais eficaz. Assim, a oferta tem o poder de se multiplicar em nossa vida.

Quarto, temos de semear algo na terra. É preciso que haja algum tipo de investimento para que Deus possa multiplicá-lo. É nesse ponto que reivindicamos a terra.

Se você retiver o que tem, nunca crescerá. As pessoas vêm para a igreja e se sentam em um canto, lá no fundo. Querem ouvir um pouco e depois seguir seu caminho. Contudo, não estão dispostas a se investirem no Reino. Quando você não se dispõe a se investir, a Palavra não tem poder em você e, consequentemente, você nunca cresce. Daqui a vinte anos ainda será a mesma pessoa. Se você se retiver, nunca crescerá.

Se você retiver seu dízimo, o inimigo terá uma porta aberta para lhe roubar.

Se você retiver seu dízimo, o inimigo terá uma porta aberta para lhe roubar. Você terá a impressão de que não está indo a lugar nenhum, pois, assim que consegue um pouco adiante, algo acontece e você perde tudo.

Se você não ofertar, então não verá em sua vida a multiplicação, o fruto da bênção sendo derramada. Se você retiver sua oferta, seu amor não será pela obra de Deus.

Se você não investir na terra – negócios, imóveis ou o que quer que seja –, não saberá o que é aumento. Deus precisa ter algo para abençoar.

Para salvar o que estava perdido

Tudo na Bíblia tem a ver com dar. A Palavra sempre operará por meio de sua atitude de dar. Ela não operará em seu casamento a menos que você possa se entregar ao seu cônjuge, nem operará em um relacionamento a menos que você possa dar amor a outra pessoa. Não tem nada a ver com esperar amor, mas com dar amor. Tudo tem a ver com o que você dá, e a Palavra só operará por meio disso.

Em Lucas 19, vemos Jesus atravessando a cidade de Jericó. Jesus é a Palavra de Deus. Jericó foi as primícias da Terra Prometida quando Israel entrou na terra. Foi a primeira cidade que Josué capturou. Deus exigiu tudo para si mesmo. Depois disso, eles ficaram com os despojos, frutos de suas vitórias, mas Jericó pertencia a Deus. Era o dízimo. Por isso Jesus, a Palavra, estava passando pelas primícias da Terra Prometida.

Em Jericó havia um homem muito rico chamado Zaqueu, chefe dos publicanos. Ele também era muito baixo. Queria ver Jesus, mas não conseguia chegar à frente da multidão nem ver por cima das outras pessoas.

Mas, você não acha que, se fosse realmente rico ou parecesse rico, os pobres teriam dado passagem para ele? É assim que as coisas funcionam. Se ele realmente quisesse, poderia ter ficado lá na frente. Mas Zaqueu não tinha certeza se queria ser visto pela Palavra. Ele só queria ver a Palavra, mas não ser visto Por ela.

Ele correu adiante da multidão e subiu em uma figueira brava para que pudesse ver Jesus passar. Mas Zaqueu teve uma surpresa. Ao chegar àquele lugar, Cristo foi direto para a árvore.

> *Quando Jesus chegou àquele lugar, olhou para cima e lhe disse: "Zaqueu, desça depressa. Quero ficar em sua casa hoje."* (Lucas 19.5)

A mudança de eventos foi extraordinária aqui. Jesus, a Palavra, parou e chamou por um publicano, um dos homens mais desprezados da sociedade. Há alguns imperativos nas palavras de Jesus. "Desça depressa" significa que Zaqueu foi ordenado a receber a Palavra – naquele momento. Não depois, mas naquele momento. A Palavra encontrou-o e disse: "Zaqueu, vai acontecer algo que você precisa ter, e precisa tê-lo agora. Vejo seu coração. Ele está interessado. Está convencido de seu passado. É por isso que você está se escondendo da Palavra."

Se ele não passasse de um velho pecador tropeçando diante da multidão, isso não teria tido importância para Jesus. Mas, uma vez que Zaqueu estava convencido da Palavra, ele tentava se esconder dela. Havia convicção, e Jesus disse: "É imperativo. Você precisa receber a Palavra hoje. Vou à sua casa e ficar lá hoje."

Quando a Palavra de Deus estiver lhe tocando, esse é o momento de responder. Não se esconda dela. Aja imediatamente. O maravilhoso é que Zaqueu respondeu. Ele jantou com Jesus e se arrependeu de tudo o que já havia feito. Ele foi salvo. No versículo 9, Jesus disse: "Hoje houve salvação nesta casa!" A reconciliação de trazer as pessoas para o Reino é isso.

Então Jesus fez uma declaração interessante.

> *Pois o Filho do homem veio buscar e salvar o que estava perdido. (Lucas 19.10)*

Isso é interessante porque Jesus diz que veio para salvar "o que" estava perdido, não somente "aqueles" que estavam perdidos. Ele veio para reivindicar almas perdidas, mas também para reclamar toda a riqueza perdida e toda a criação.

É nesse contexto que Jesus contou a parábola das minas sobre a qual falamos anteriormente. Ele descreveu o nobre que reuniu dez servos, deu a cada um deles uma mina e depois partiu. Quando o homem voltou, ele os chamou para ver "quanto tinham lucrado" (v. 15). Ele esperava que administrassem os negócios, que investissem. Negociar significa comprar por um preço baixo e vender por um preço alto.

O primeiro fez sua mina render outras dez. O segundo fez a sua render cinco vezes. O nobre elogiou os dois e os chamou de servos "bons e fiéis". O terceiro nada fez com sua mina e foi castigado por não ter feito negócios.

Nessa parábola, Jesus falou diretamente sobre o dia em que ele voltaria. Há muitos que estão sentados à toa, esperando a Segunda Vinda. Estão esperando que ela aconteça antes de terem de pagar suas contas novamente. Muitos venderam suas casas e bens porque não viram sentido algum em trabalhar se a volta de Jesus está tão próxima.

É interessante que Jesus nem sequer sugere a possibilidade de que, quando voltar, perguntará às pessoas: "Você vendeu tudo o que tinha para se preparar para minha volta? Você deixou o emprego e parou de trabalhar para poder esperar sem que nada o distraísse?" Ele não fez esses tipos de perguntas. Apenas perguntou aos seus servos se eles haviam feito negócios; se investiram e reivindicaram as riquezas da terra. Aqueles que não fizeram isso são chamados de "ímpios". Deus parece pensar que investimento é importante.

CAPÍTULO 9

Continuando a Ser Gigante

Ninguém simplesmente tem sucesso da noite para o dia. O sucesso é um processo de crescimento e de desenvolvimento. Se você não o alcançar amanhã, não desista. Continue a desenvolver em si mesmo o caráter de uma pessoa bem-sucedida e será uma pessoa de sucesso.

Muitas pessoas lidam com "o suficiente". Você tem o suficiente no final do mês. Você pode ir ao cinema, dirigir um pouco mais seu carro e talvez comprar um par de sapatos ou algumas bugigangas. Você paga suas contas e ainda lhe resta um pouquinho de dinheiro. Mas isso não é suficiente.

Outras pessoas estão necessitadas. Não têm o suficiente. Não podem comprar coisas que gostariam de ter. Não podem sair. Estão sempre com o orçamento estourado.

Há outras que estão na pobreza. Pobreza significa não ter o suficiente para suprir suas necessidades básicas. Você não sabe como vai conseguir chegar ao final do mês. Apesar de todo o esforço, continua vivendo em um estado de pobreza.

Todas essas áreas são gigantes no Corpo de Cristo.

Seja qual for o gigante que esteja enfrentando, é provável que ele pareça grande demais para que você possa vencê-lo. Você não sabe como derrotá-lo.

Alguns aprenderam a derrotar esses gigantes, mas nem todos aprenderam. Deus deseja que busquemos prosperidade em favor da casa do Senhor. Ele quer que compartilhemos todas as coisas boas. Isso quer dizer que todo cristão deveria ser próspero e abençoado para que possa ser uma bênção em todas as situações. No entanto, nem todos o são. As coisas são assim até que você faça algo que realmente mude a situação. Você sabe que deve investir, mas não sabe como.

Continue a desenvolver em si mesmo o caráter de uma pessoa bem-sucedida e será uma pessoa de sucesso.

Por isso temos alguns gigantes. Você determina a força de uma pessoa pela oposição necessária para desencorajá-la, pelo tamanho do obstáculo necessário para detê-la. O que é preciso para lhe deter? Você precisa avaliar isso e depois mudar a situação. Haverá certa oposição a seus sonhos. Você tem de superá-la.

Deus nos prometeu um pouso tranquilo e seguro. Ele não nos prometeu uma viagem calma. Há algumas tempestades na vida. Ele nunca usaria as palavras "mais que vencedor" se não houvesse algumas coisas a serem conquistadas. Há alguns gigantes para vencer.

Davi foi um homem que teve obstáculos para transpor. Todos nós sabemos como ele enfrentou e derrotou Golias. Ele agiu por amor à sua nação, Israel, por amor à sua família e pela recompensa que conquistaria para si mesmo. Foi motivado em todos os três níveis. Uma causa maior do que ele mesmo levou-o ao sucesso.

É importante reconhecer que Davi não só enfrentou e matou um gigante. Ele tinha certa experiência prévia que o preparou para aquele momento. O rei Saul não acreditava que um jovem como ele pudesse enfrentar um veterano experiente como Golias. Mas Davi relatou suas vitórias do passado.

> *Davi, entretanto, disse a Saul: "Teu servo toma conta das ovelhas de seu pai. Quando aparece um leão ou um urso e leva uma ovelha do rebanho, eu vou atrás dele, dou-lhe golpes e livro a ovelha de sua boca. Quando se*

vira contra mim, eu o pego pela juba e lhe dou golpes até matá-lo. Teu servo pôde matar um leão e um urso; esse filisteu incircunciso será como um deles, pois desafiou os exércitos do Deus vivo". (1 Samuel 17.34-36)

Isso não era um terreno completamente novo para Davi. Ele já havia matado um urso e um leão. Em outras palavras, ele teve de matar algumas coisas menores antes de enfrentar algo maior.

Deus nos prometeu um pouso tranquilo e seguro. Ele não nos prometeu uma viagem calma.

Você não pode simplesmente acabar com a pobreza em sua vida da noite para o dia. Você precisa expandir seu território para poder ter muito. Não despreze o dia das pequenas coisas. Se você for fiel no pouco, Deus o fará governar sobre muito. A chave é o começo. Você talvez esteja pensando nele, falando sobre ele. Você vai investir algum dia. Mas o investimento é como uma corrida, se não começar a correr, nunca chegará ao fim dela.

Davi começou com um urso. Tenho certa experiência com ursos. Em minha fase de crescimento, morei no campo, por isso eu me deparava com eles de vez em quando. Quando você assusta um urso, ele imagina estar ali para uma batalha, por isso se levanta o mais alto possível com as patas de trás para amedrontá-lo com seu tamanho. Normalmente é assim que eles agem. Querem impressioná-lo com o tamanho e a força que têm, mas normalmente não atacam.

Certa vez me deparei com um determinado urso, quando eu tinha quase 15 anos. Eu estava indo em direção à floresta para cortar um pouco de polpa, a quase dois quilômetros e meio de distância do lugar de onde eu estava trabalhando. Era de madrugada, ainda escuro, e eu estava com minha motosserra, uma lata de óleo e um galão de gasolina. O sol ainda estava longe de começar a clarear o dia. Eu só conseguia ver silhuetas enquanto andava.

Cheguei a um riacho e, do outro lado, havia um pé de framboesa. Ouvi um barulho e, então, vi um vulto, e levantou-se um enorme urso negro.

Se você for fiel no pouco, Deus o fará governar sobre muito.

Coloquei o galão de gasolina no chão e disse: "Motosserra, não me decepcione agora." Eu a acionei duas vezes e o motor ligou. O barulho espantou o urso, mas, durante o resto do verão ele comeu meu lanche. Eu o escondia entre as árvores, mas ele o achava e balançava a árvore até o lanche cair. Ainda bem que não me comeu!

Davi matou o primeiro urso. Ele descobriu que a aparência ameaçadora do animal não era motivo para lhe fazer correr, e aprendeu a enfrentar com coragem o urso e a vencê-lo. Ele era um alvo fácil de mirar. Aquele foi um bom começo.

Mas então teve de enfrentar um leão. O modo de atacar do leão é diferente do modo do urso. Ele corre em sua direção. Agora Davi tinha um alvo que se movia. Era mais difícil e mais perigoso do que o urso. Mas, uma vez que Davi tinha experiência com o urso, ele estava preparado para o leão.

Quando Davi enfrentou Golias, ele já tinha certa prática. Não estava simplesmente entrando na batalha sem nenhum treinamento. Ele progrediu por seus próprios esforços até aquele momento, e estava preparado.

O urso da dívida

Quando observamos a parábola do semeador, em Marcos 4, vemos as coisas diferentes que levam a Palavra a não surtir efeito em nossa vida. No caso da primeira semente, o inimigo a roubou. Na segunda, ela não tinha raízes e não pôde sobreviver à oposição. A terceira é muito específica. Descreve a infertilidade do solo porque surgem as preocupações deste mundo, o engano das riquezas e os anseios por outras coisas e sufocam a Palavra.

Quais são as preocupações do mundo? Acredito que sejam

identificadas por dívidas. Dívida é uma das coisas que mais lhe preocupam. Você se aflige porque precisa ter certeza de que terá dinheiro suficiente no final do mês para fazer todos os pagamentos.

Definimos anteriormente o que é dívida. Você precisa entender isso claramente. Dívida é quando você deve mais por alguma coisa do que pode pagar por ela. Se puder vendê-la por um preço superior ao que pagou, então você tem um ativo. Quando entendi isso, comecei a juntar coisas diferentes que valeriam mais. Elas são ativos. Algumas delas irão para meus netos. Se eu puder comprar hoje, por 100 dólares, uma moeda cunhada em 1800, ela pode valer o suficiente para pagar a faculdade de meus netos quando chegar a época. Isso é um ativo.

Dívida é algo que consome sua capacidade de investir na terra.

A dívida problemática é aquela da qual você não consegue se livrar quando faz a venda. Cartões de crédito são dívidas. É apenas dinheiro que você deve, não um ativo que pode lhe trazer dinheiro. Dívida é algo que consome sua capacidade de investir na terra. Toda a sua semente de investimento é usada para pagar os juros de sua dívida. Você está financiando o mundo com os juros que você paga.

Tive experiência própria do quanto a dívida pode limitar uma pessoa. Houve um tempo em que minha esposa, Maureen, e eu tínhamos 30 dólares no bolso, não tínhamos carro, mas tínhamos muitas dívidas. Decidimos sair das dívidas. Foi preciso certo esforço, mas conseguimos.

Arrumei dois empregos. Depois consegui mais um porque os dois não foram suficientes. Isso não é impossível para a maioria das pessoas. A pessoa perde, em média, 39 horas por semana. Se você calcular oito horas de sono por noite, mais o tempo que passou com seu cônjuge, o tempo que passou com seus filhos e o que gastou para fazer seu trabalho normal e somar tudo, você tem à sua disposição em média 39 horas por semana para se dedicar a outros trabalhos.

Foi assim que saímos das dívidas. Quase todos podem ter um ou dois empregos extras de meio período e usar esse dinheiro para liquidar dívidas. Então pode reservar parte do dinheiro para investir. É assim que você vence a dívida.

Uma vez que você começar a investir, seu dinheiro poderá se multiplicar. Se você pegasse 5 reais por semana, poderia começar a investir. Vá a um parque e troque coisas ou frequente vendas de garagem e procure algo quebrado que você possa consertar. Compre-o por 5 reais e conserte-o. Se fizer isso toda semana por três meses, você terá investido 60 reais. Então faça sua própria venda de garagem e venda todas as coisas que você consertou, pintou, retocou e limpou pelo dobro do valor que pagou por elas. Agora você poderá trabalhar com 120 reais. Continue fazendo isso e, não vai demorar muito, você terá muito dinheiro para investir. Em mais ou menos 36 meses, se você continuasse a dobrar seu dinheiro a cada três meses, teria quase 130 mil. Qualquer pessoa pode fazer isso.

Peguei 16 mil dólares emprestados e investi em um terreno com outras duas pessoas. Tínhamos apenas o suficiente para a entrada. O valor passou para 359 mil em dois anos e, depois de três anos e meio, já passava de 1 milhão.

Davi começou matando um urso. A dívida é um urso que você tem de vencer. Enquanto não vencer, nunca terá dinheiro para investir em nada e, sem investimento, você não ganhará muito.

O leão da vontade

Depois da dívida, os anseios por outras coisas e o engano das riquezas sufocaram a Palavra na parábola do semeador e a tornaram infrutífera. É o desejo de ter o que você não pode pagar. Você precisa matar seu desejo de ter o que não pode pagar para que, um dia, possa ter condições de comprá-lo.

É assim que as pessoas entram em dívidas. O crédito diz que você pode comprar agora e pagar depois. E você pagará. Se comprar um carro novo, no momento em que o tira da concessionária, você perdeu 5 ou 8 mil reais, ou mais.

Se você precisar de um carro novo, faça pelo menos uma compra inteligente. Veja quanto pode pagar mensalmente. Qual é seu limite? Descubra qual é o prazo da garantia que a concessionária dá e se proponha a pagar nesse período. Isso vai cobri-lo completamente, de um para-choque a outro. Você não precisa se preocupar com reparos e, assim, só paga as parcelas.

A maioria das pessoas tenta fazer as menores parcelas que puderem. Estendem o empréstimo para sessenta meses, às vezes para 72 meses, e acabam pagando de 20 mil a 30 mil reais a mais de juros. Em vez disso, faça um esforço para liquidar a dívida em três anos. Nesse período, o carro estará pago. Você poderá dirigi-lo e terá, pelo menos, um ativo de 24 mil reais. Se quiser trocar por outro carro novo, você terá essa quantia para o sinal e as parcelas ficarão em torno de 400 reais por mês.

Não é tão complicado assim. Você pode aprender com o sistema do mundo, aproveitá-lo e depois descartá-lo. Mas primeiro terá de controlar seus desejos.

O gigante da pobreza

Davi teve a experiência de que precisava para se preparar para o gigante. Ele matou algumas coisas menores primeiro. É assim que você vence a pobreza, um inimigo de cada vez. Mate o urso da dívida e o leão do desejo, e você começará a vencer a pobreza em sua vida. Você estará começando a ter muito.

Mate o urso da dívida e o leão do desejo, e você começará a vencer a pobreza em sua vida.

É preciso trabalhar e semear, mas você pode fazer isso. Davi, ao sair para enfrentar Golias, apanhou cinco pedras. Teoricamente, ele só precisaria atirar uma vez. Golias era um alvo grande demais para Davi errar. Mas Davi planejou de antemão o inesperado. Ele se preparou, pois enfrentaria um alvo que se movia e que poderia lançar coisas contra ele. Ele se preparou por precaução, caso errasse o alvo.

A verdade é que você pode fazer isso. Você pode ter muito. Seja qual for seu ponto de partida, você pode vencer um obstáculo de cada vez, aprender a fazer as coisas que precisa fazer e vencer. Não despreze o dia das pequenas coisas. Você precisa começar em algum lugar, mas precisa começar.

CAPÍTULO 10:

Vontade Versus Necessidade

Os norte-americanos estão presos em uma rede de vontades. Todos os nossos desejos, toda a nossa paixão e todos os nossos impulsos conduzem-nos àquilo que queremos ou temos vontade de fazer. Faça o que parece ser bom. Viva o dia de hoje. Compre agora, pague depois. Vontades estão associadas a sentimentos. "Tenho vontade disso." "Estou com vontade de fazer aquilo."

Isso realmente afeta quase todas as pessoas, hoje. Na década de 1950, os Estados Unidos tiveram uma grande fartura. Havia mais dinheiro do que produto, e as pessoas começaram a viver um nível de abundância sem precedentes na história. Da opulenta década de 1950 surgiram muitos estilos diferentes de música e roupas, e houve uma nova classe de cidadãos que realmente não tínhamos antes – os adolescentes. Antes dessa época, você era criança e depois se tornava adulto. Não havia nenhuma categoria entre essas duas fases.

Mas, na década de 1950, inesperadamente surgiram os adolescentes. Todos os meios de comunicação acreditavam que havia fartura. Acreditavam também que era possível ganhar um dólar vendendo músicas, roupas, etc. Assim, exploraram uma maneira de tentar alcançar os adolescentes. Foram os fantásticos anos 1950, e tudo tinha a ver com diversão.

Muitos de nós cresceram naquela época. Quando entramos na faculdade, já estávamos na década de 1960. Tudo tinha a ver com rebelião contra a autoridade e contra a responsabilidade. Era o amor livre. Segundo as músicas da banda The Mamas e The Papas, podíamos fazer tudo que quiséssemos e irmos aonde bem entendêssemos. Na década de 1960, o slogan era: "Se for bom, faça."

Essa atitude persistiu na década de 1970 e tornou-se parte do estilo de vida da sociedade. Tornou-se uma atitude comum, uma visão que está plantada no coração da maioria de nós, hoje. Somos induzidos a fazer o que temos vontade, o que queremos fazer.

Mesmo na igreja, nós nos enredamos em vontades. As pessoas querem relaxar e aproveitar a música e o sermão. Não querem, na verdade, fazer nada para ajudar, como se oferecer para receber as pessoas que vêm à igreja ou trabalhar no berçário ou em outra coisa. Não é o que elas têm vontade de fazer.

Os estilos de roupas refletem a cultura. Na década de 1960, quando a atitude era "Se for bom, faça", víamos minissaias e *shorts* curtos. Por volta de 2000, roupas largas estavam na moda. Mas nos tornamos uma sociedade que precisava de roupas largas para esconder nossa obesidade. "Se tem o gosto bom, coma." É apenas outra forma de fazermos o que temos vontade. Usamos boné porque não temos vontade de pentear o cabelo. Temos um novo estilo chamado "levante-se de manhã e encha o cabelo de gel". Chama-se "cabelo bagunçado". Temos pastilhas de menta porque não temos vontade de escovar os dentes. Temos *fast-food* porque não gostamos de cozinhar.

É claro que estou sendo um pouco brincalhão quanto a essa questão, mas quero que você a entenda. O sucesso na vida tem a ver com fazer o que você precisa fazer, não o que quer fazer. "Querer" está diretamente ligado a "ter vontade". Dizemos: "Estou com vontade de tomar um refrigerante" ou "Estou com vontade de comer um biscoito". Alguma vez você já teve vontade de comer uma cenoura? Queremos fazer o que temos vontade de fazer, não o que precisamos fazer.

Quando as coisas ficam ruins, dizemos: "Preciso de livramento." Mas você precisa deixar de fazer apenas o que você quer e começar a fazer o que precisa ser feito.

Viajo com meu filho, Scot, todos os anos para pescar. No ano passado, estávamos em um barco, flutuando no rio e aproveitando o tempo, quando começou a chuviscar. Coloquei minha capa e continuei a pescar. Na verdade, a pesca estava boa. O momento era muito agradável. De repente, tive vontade de fumar um cigarro.

O sucesso na vida tem a ver com fazer o que precisa ser feito e não com o que você quer fazer.

Faz 35 anos que não fumo. Parei de fumar porque faço o que preciso, não o que quero. É aí que entra o processo da tomada de decisão. Se quiser ser bem-sucedido, você precisa começar a fazer o que tem que ser feito e não o que quer fazer.

Da paixão à ação

Eva não só se deparou, um dia, com a serpente, como também se deixou envolver pela tentação. A implicação no hebraico é que ela sempre ouvia a serpente, que se aproximava dela dia após dia, sempre falando com ela. A fé funciona da mesma forma. No Novo Testamento, vemos que a fé vem pelo ouvir. Você, no final, acreditará naquilo que ouve repetidamente. Foi o que aconteceu com Eva. Ela continuou a ouvir. E quanto mais ouvia, mais chances tinha de acreditar.

A serpente continuou dizendo que ela deveria olhar para a árvore do conhecimento do bem e do mal. A serpente se aproveitou do desejo da mulher.

> *Quando a mulher viu que a árvore parecia agradável ao paladar, era atraente aos olhos e, além disso, desejável para dela se obter discernimento, tomou do seu fruto, comeu-o e o deu a seu marido que comeu também.*
> (Gênesis 3.6)

Eva sabia que não deveria comer do fruto, e que isso não seria bom para sua vida. Deus disse-lhe de forma muito clara para não comer daquela árvore. Todas as outras coisas estavam à sua disposição. Ela entendeu isso, mas continuou a ouvir algo contrário ao que sabia e começou a ver que a árvore era desejável.

Desejo cria paixão. Paixão cria um impulso ou uma motivação para fazer ou executar a ação. Você pode usar isso de forma positiva ou negativa. Eva optou por deixar o desejo aumentar e, uma vez grande, ele criou nela uma paixão que a levou a escolher o que queria fazer, não o que precisava fazer.

É isso que acontece quando vemos crimes passionais. A violência acontece porque o indivíduo deixa que os sentimentos provoquem desejo que, por sua vez, leva à paixão e, depois, a ação se torna uma explosão violenta, exatamente o que essa pessoa teve vontade de fazer, não o que precisava fazer. É isso que acontece com frequência no casamento. Em vez de fazer o que precisa ser feito, que é amar um ao outro, o casal começa a deixar que seus sentimentos o afastem de seus compromissos. Se o indivíduo se entrega aos seus sentimentos por muito tempo, eles criam desejo, depois paixão e, consequentemente, levam ao divórcio.

Foi o que aconteceu com Caim. Deus se aproximou dele e disse: "Você não fez a oferta correta, mas lhe darei outra chance. O pecado está à sua porta. Escolha com sabedoria." Mas Caim fez o que queria fazer, não o que precisava ser feito. Se Caim tivesse se arrependido e feito o que era certo, sua vida teria sido diferente.

Em se tratando de dízimos e ofertas, quantas pessoas dão a Deus o que querem, em vez de darem o que precisa? Você precisa de uma grande colheita, mas não está disposto a dar uma grande semente. Você deveria servir ativamente com alguns de seus bens, mas não se sente "induzido".

Se você pudesse mudar essa tendência em sua vida, deixaria completamente de procrastinar. Você deixaria de adiar as coisas. Não posso procrastinar. Às vezes é o que minha esposa quer que eu faça. Mas sou levado a fazer o que preciso fazer, não o que quero fazer.

Essa é uma decisão que tomo todos os dias. Se você sempre tomasse decisões baseadas em fazer o que precisa ser feito antes de fazer o que quer fazer, você teria sucesso. O sucesso viria até você de qualquer maneira.

Noé é um bom exemplo disso. Ele tinha 360 anos. Naquela idade, provavelmente pensava que era hora de descansar um pouco, relaxar na poltrona e não esquentar com nada. Mas Deus veio até ele e disse: "Quero que você construa um barco grande e que faça isso bem aqui, no meio do deserto."

Noé teria de ir até o fim das montanhas do Líbano, derrubar árvores grandes, cortá-las e arrastá-las das montanhas até o deserto para construir um barco ali. E tudo isso seria para se proteger de algo que nunca havia acontecido antes na história – a chuva.

Mas Noé fez o que precisava fazer, não o que queria fazer, em obediência à Palavra. Consequentemente, ele salvou toda a forma de vida neste planeta.

Instrua a criança

O livro de Provérbios fala sobre a questão de instruir seus filhos. Há muitas referências, mas há uma em particular que conhecemos bem.

> *Instrua a criança segundo os objetivos que você tem para ela, e mesmo com o passar dos anos não se desviará deles.* (Provérbios 22.6)

O que significa instruir a criança? Qual é o processo? Sabemos que há certas coisas que queremos ver nelas. Queremos que amem as pessoas e amem e respeitem seus pais. Mas como fazemos isso?

Instruir é uma questão de criar hábitos dos quais elas não se desviarão. Pense no tipo de hábito que você as ensina. Você as instrui a fazerem o que desejam ou o que precisam? Se você não as instruir, as crianças sempre vão fazer o que querem primeiro. Você pode ir a qualquer shopping e observar as crianças e o modo como se comportam. É óbvio que muitos pais não ensinam nada a elas. As crianças cedem às suas vontades sem considerar suas necessidades.

Devemos instruí-las para que façam o que precisa ser feito antes de fazerem o que querem. Você precisa instruir seus filhos a escovarem os dentes e pentearem o cabelo. Ensine-os que eles precisam limpar o quarto deles e recolher os brinquedos antes de jogarem videogame. Se você deixar que joguem primeiro, então os estará ensinando a fazer o que eles querem.

Vejo pais o tempo todo dizerem que seus filhos adolescentes não querem ir à igreja, por isso os deixam em casa. É uma questão de instruir. Quando meus filhos não queriam ir à igreja, eles iam mesmo assim, porque precisavam. "Vocês vão à igreja. Isso não está em discussão. Vocês são crianças e irão. Quando forem adultos, então poderão decidir."

Pelejo com isso como avô. Como pai, instruí meus filhos a fazerem, primeiro, o que precisavam fazer. Como avô, no entanto, quero dar aos meus netos o que eles querem. Às vezes tenho de morder minha língua. Mas é vital para o desenvolvimento de uma criança que ela aprenda isso nos primeiros anos de vida. Quero que meus netos sejam abençoados e felizes. Quero que amem o avô. Mas eles precisam ser instruídos. Se chegarem à fase adulta fazendo o que querem antes de fazerem o que precisam, não conseguirão se manter num emprego por muito tempo.

Eles sempre vão querer brincar, em vez de trabalhar, e, então, quando perderem o emprego, vão procurar um trocado para poderem brincar mais.

Meu pai me ensinou algumas coisas interessantes. Não acho que ele teve alguma vontade. E obviamente não acho que me deixou ter alguma. Tudo de que me lembro é do que precisava ser feito. Tudo o que diz respeito à minha vida era o que precisávamos fazer.

Meu pai trabalhou muito durante toda a sua vida – e acabou sem nada – e recebi dele uma maravilhosa ética de trabalho. O que aprendi com isso não foi uma lição negativa, mas aprendi que trabalhar muito não é tudo. Você também tem de trabalhar com inteligência. Mas, definitivamente, aprendi que se tem de fazer primeiro o que é necessário, não o que se quer fazer. É preciso haver tempo para você fazer o que quer. Pare e sinta o perfume das rosas. Mas, primeiro, você tem de fazer o que é preciso.

Cresci em uma família pobre. Tínhamos um forno a lenha no porão e, assim, é óbvio que queimávamos madeira. Era isso que aquecia nossa casa em época de inverno. Todo sábado pela manhã eu tinha de ir ao monte de lenha, jogá-lo em um carrinho de mão, levá-la até a janela do porão, colocá-la lá dentro e empilhá-las para que tivéssemos lenha pelo resto da semana. Se o monte de lenha estivesse baixo, eu tinha de ir à floresta e cortar mais.

Se conseguimos mostrar nossas emoções no que estamos fazendo e realmente gostamos do que estamos fazendo, fica fácil vencer na vida.

Um dia, decidi que queria um sábado livre. Eu sabia quais eram os planos de papai para o sábado, por isso decidi passar à frente dele. Na segunda-feira à noite, abri um caminho com a pá até o monte de lenha, dividi a lenha e enchi o carrinho de mão. Eu o empurrei, joguei a lenha no porão e a empilhei. Fiz isso todas as noites da semana. Quando fui para a cama na sexta-feira à noite, o porão estava cheio de lenha. Fiquei muito feliz porque teria um sábado livre.

Chegou a manhã do sábado. Às 5h30 meu pai me acordou. Ele disse: "Obrigado, filho. Você fez um ótimo trabalho. O porão ficou bonito com toda aquela madeira vermelha. Missão cumprida. Sabe o Sr. Brown? Aquele que sofre de artrite? Ele não consegue levar lenha para dentro de casa. Sabe de uma coisa? Precisamos ir até lá, cortar um pouco de madeira e encher a casa dele."

Fomos até lá e ficamos das 5h30 às 21h. Eu disse: "Nunca mais faço isso." Meu pai sempre achava coisas para eu fazer. Mas, com tudo isso, aprendi a fazer o que precisava antes de fazer o que queria.

Transforme o que você quer fazer naquilo que você precisa fazer

Sabemos, então, que precisamos fazer certas coisas antes de fazermos o que queremos. Essa é a chave para o sucesso. Mas é exatamente quando isso fica forte e fácil que transformamos o que precisamos fazer naquilo que queremos. Se conseguimos mostrar nossas emoções no que estamos fazendo e realmente gostamos de fazer, fica fácil vencer na vida. A verdade é que de fato gosto de fazer o que preciso. Recentemente tive a oportunidade de esquiar, mas rejeitei a proposta porque havia outra coisa que eu precisava fazer. Mas, honestamente, gosto do que estou fazendo, por isso deixar de esquiar não foi grande coisa! Gosto do que faço.

Como isso acontece? Como chegar ao estado em que você simplesmente gosta do que está fazendo? Creio que tudo começa com algo chamado vontade de Deus.

Em Mateus 26, encontramos Jesus no jardim do Getsêmani. Ele disse a seus discípulos: "Vocês poderiam orar por uma hora? Vou ali orar também." Os discípulos fizeram o que quiseram fazer, não o que precisavam. Todos caíram no sono.

Você pode escolher a vontade divina , que é a Palavra de Deus, e deixar que ela crie um desejo.

Jesus afastou-se um pouco deles e começou a orar. Quando você lê toda a passagem, fica claro que Jesus não queria ir para a cruz. Sua carne não queria ter nenhuma relação com o sofrimento e a morte. Ele perguntou sinceramente a Deus se havia outra forma.

Mas havia um desejo que criou uma paixão. Essa paixão o motivou a seguir seu destino e o levou a correr sua corrida. Sua paixão fez com que ele desejasse a vontade de Deus sobre todas as outras coisas.

Acredito que todos nós possamos fazer o mesmo. Você pode escolher a vontade de Deus, que é a Palavra, e deixar que ela crie um desejo. Jesus fez o que precisava fazer, não o que queria fazer. Sua carne desejava tanto não agir assim que ele suou gotas de sangue. Mas Jesus disse: "Não seja feita a minha vontade, mas a tua." Quando ele submeteu sua vontade a Deus, isso criou um desejo, que gerou uma paixão nele e essa paixão gerou a ação para fazer a vontade divina.

Como você pode amar o que faz? Primeiro, comece a falar isso. Submeta ao desejo de Deus sua vontade de ser excelente em seu trabalho, de ser o melhor no que você faz. Quando eu trabalhava com metal em chapa, eu era o melhor que existia ali. Quando eu era professor, era o melhor que poderia ser. Sempre criei um desejo e uma paixão que me motivaram a cumprir e alcançar meu destino.

Ele quer que você tenha sucesso para que possa ser abençoado a fim de ser uma bênção.

Não importa o que você esteja fazendo. Você pode odiar seu emprego. Você pode odiar seu chefe. Bem, mude seu pensamento. Desenvolva um desejo pela vontade de Deus. Diga para si mesmo: "Deus me colocou aqui por uma razão. Ele me fez chegar aqui por um objetivo. Faz parte de meu caminho, e eu vou correr minha corrida e cultivar meu desejo de ser o melhor possível."

Você pode ter o mesmo desejo pela Palavra de Deus. A primeira vez que comecei a ler a Palavra, eu disse que ela era o melhor remédio para a insônia que havia encontrado. Ela me punha para dormir. Contudo, quanto mais eu lia e mais entendia a Palavra, maior era meu desejo de cumpri-la. Se fizer um esforço, você desenvolverá um desejo por ela. Hoje, não há nada pelo que eu tenha maior paixão do que pelo estudo da Palavra. É o que faço nas férias. Há uma paixão que arde em mim porque sei que ela está me conduzindo ao meu destino.

Deus quer que você tenha o fogo e a paixão que irão levá-lo ao seu destino. Ele quer que você tenha sucesso para que possa ser abençoado a fim de ser uma bênção. Você começa a fazer o que precisa antes de fazer o que quer. Então, isso se torna uma paixão. Torna-se um fogo que queima dentro de você.

A riqueza tem uma visão atiçada pela paixão. Tenha uma visão. Tenha uma ideia. Creia em Deus para que você possa correr sua corrida e chegar ao seu destino. Continue a desejar excelência e, se fizer o que precisa fazer, isso passará a ser o que você quer fazer. Se o que precisa ser feito estiver de acordo com a vontade de Deus, o sucesso nunca passará batido por você.

CAPÍTULO 11:

Aproveitando a Oportunidade

Todos os dias, todos nós temos oportunidades de aumentar nossas riquezas. O problema é que, na maior parte do tempo, nem as reconhecemos como oportunidades. Às vezes elas são meras interrupções em nosso dia. Quando as vemos, na maioria das vezes, não estamos preparados para aproveitá-las.

Há algum tempo, o Senhor me deu uma afirmação que quero passar para você.

Riqueza é uma reação apropriada a uma oportunidade.

Há outra forma de expressá-la:

O que está dentro de nós é o fator que controla aquilo que está à nossa volta.

Com isso quero dizer que o que está em nós determinará como reagimos a uma oportunidade. Se há pobreza em nós, responderemos de forma inadequada àquela oportunidade e iremos perdê-la. Mas se houver prosperidade em nós, então ela surgirá, e reagiremos à oportunidade ao aproveitá-la sem pensar ou questionar muito.

Se você não está feliz com o que está à sua volta, então talvez seja preciso mudar o que está em você. Na maior parte do tempo, nós só nos queixamos de nossas circunstâncias, mas o que está em nós é o fator controlador que cria nossas circunstâncias. Gosto de compará-lo ao seu cônjuge. Você se casou com ele e não com outra pessoa pelo que está dentro de você. Os defeitos de seu cônjuge são a razão por que ele não poderia fazer as coisas melhor do que você.

Se você não está feliz com o que está à sua volta, talvez seja necessário mudar o que está dentro de você.

O que está em nós está criando o que há em nossa volta. Se quisermos mudar o que está ao nosso redor, vamos ter de mudar algumas coisas que estão em nós.

Creio de todo o meu coração que poderíamos ver uma mudança radical em nossa vida se simplesmente mudássemos uma coisa. Se fizéssemos algo produtivo todos os dias, em um ano nossa vida passaria por uma revolução. Se nos tornássemos produtivos em algo em nossa família, em nosso casamento, com nossos filhos, com nossa situação financeira, com nossa igreja, com a Palavra, isso seria o necessário. Você ficaria surpreso em ver como a vida mudaria por meio da aplicação de uma única coisa.

O plano perfeito de Deus começa com algo pequeno e termina com algo grande. Todos nós começamos como bebês e acabamos maiores – alguns maiores do que outros. A Bíblia diz que não devemos desprezar o dia das pequenas coisas. Devemos ficar animados em começar onde estamos e seguir para o que Deus tem para nós. Ele disse que devemos ficar contentes com a situação em que estamos, mas isso não significa satisfeitos. Precisamos começar de algum lugar.

A maioria das pessoas quer começar por algo grande. Conheço muitos pastores que querem começar por uma igreja, mas não querem uma igreja pequena com dez pessoas. Querem começar com seis mil pessoas. O problema é que eles não conseguem lidar com seis mil pessoas porque nunca aprenderam a lidar com dez.

Você precisa ser capaz de começar seu negócio de baixo e equilibrar a grande quantidade de coisas necessárias para que o negócio seja bem-sucedido antes de tentar lidar com algo maior. Você precisa crescer no negócio.

Planos de enriquecimento rápido fazem com que seus criadores enriqueçam à custa de sua ganância, leitor. Dinheiro rápido pode destruir pessoas. Enriquecer rapidamente é perigoso para você, para sua família e para sua vida.

Dinheiro rápido pode destruir pessoas.

Mas se você estiver disposto a começar em algum lugar e aprender com isso, poderá ter muito porque está aprendendo a lidar com pequenas quantidades primeiro. Quem é fiel no pouco governará sobre muito.

Uma das coisas que você ganha ao começar com algo pequeno é experiência. A experiência nem sempre é agradável, mas irá prepará-lo para lidar com problemas. Há uma razão para se associar cabelos grisalhos à sabedoria. Os que têm cabelos grisalhos têm experiência de vida.

Elvis cantava: "Algumas crianças nasceram tão ricas como um rei, mas eu não passava de um escorraçado que só levava cascudos." Há algo a ser dito com relação a "cascudos". Você aprende com eles. Se você aprender assim, poderá controlar e lidar com isso em um nível mais alto. Trata-se de um processo de crescimento.

Para entender a experiência, imagine uma criança pequena. Você diz para ela: "Não mexa no forno porque ele está quente e você vai se queimar." Mas como ela é uma criança, assim que você disser "não", ela vai querer fazer. E uma criança pequena talvez não saiba o que significa quente ou queimar. Contudo, em algum momento, ela mexerá em algo quente e então saberá. E a queimadura vai fazê-la se lembrar disso por vários dias, no mínimo. E ela passa a ter a experiência. Com base nessa experiência, essa criança não mexerá novamente no forno quente.

Aprendemos com a experiência. Assim, a experiência é algo com o que deveríamos nos alegrar. Essa é a razão pela qual Tiago diz que você deve considerar motivo de alegria o fato de passar por diversas provações. A alegria é a força para vencer qualquer situação e para se sentir feliz porque você sabe que vai aprender com isso. Ela irá prepará-lo para algo melhor que virá logo mais adiante.

Se você não consegue agradecer quando tem pouco, não saberá agradecer quando tiver algo.

Ao começarmos com algo pequeno, aprendemos a ser gratos. Se você não consegue agradecer quando tem pouco, não saberá agradecer quando tiver algo. Se a única coisa que você tem é saúde, você ainda pode dar graças por isso. Deus deseja que sejamos agradecidos por toda a vida. Há poder na gratidão.

Quando começamos com algo pequeno, aprendemos algo chamado disciplina. Aprendemos a ter autocontrole. Se você puder se disciplinar a viver com 200 reais por semana e mantiver as contas em dia, ter bom crédito e comida na mesa, então poderá se sair bem quando tiver 10 mil por semana. Mas se não souber se virar com 200 reais, ficará em uma situação ainda mais complicada com 10 mil. Você terá um péssimo crédito e acabará perdendo tudo o que ganhou.

Ao começar com algo pequeno, você se expõe. Exposição é uma palavra interessante. Você se expõe a tantas outras coisas da vida quando começa sem nada e progride por seus próprios esforços. A exposição ao longo do caminho está lhe ensinando algo e lhe preparando.

Ser exposto a algo poderá motivá-lo a nunca mais voltar a fazer o que fez antes. Quando eu era jovem, nós morávamos em um barracão sem energia elétrica, sem água corrente e sem instalações. Tínhamos de empilhar os rolos de feno encostados à parede da casa para que a neve não entrasse e a casa pudesse ficar um pouco mais quente.

O que talvez não seja óbvio nessa narração é que éramos as pessoas mais ricas da comunidade. Tínhamos o que comer. Meu pai cuidava para que tivéssemos três refeições por dia, o que era muito para muitas pessoas dali.

Eu entregava o jornal local para ganhar dinheiro extra. Ganhava 6 reais por semana. Mas eu tinha de entrar em algumas daquelas casas, se é que se pode chamar aquilo de casa, para pegar o dinheiro do jornal. Muitas vezes as pessoas estavam fazendo sopa de repolho. Quem tinha uma situação melhor podia pôr uma batata na sopa. Repolho e batata eram alimentos que você podia cultivar durante todo o verão e eles aguentavam o inverno. Assim, era com isso que muitas pessoas viviam. O cheiro do repolho cozido é uma das lembranças mais fortes de minha infância.

A exposição ao cheiro é uma lembrança que me acompanhou durante toda a minha vida. Lembro-me que um dia depois de nosso casamento, Maureen resolveu fazer uma surpresa para mim com sopa de repolho. Ela fez a sopa porque me amava e achava que seria uma boa surpresa, mas não fazia a menor ideia do que aquele cheiro me provocava. Ao entrar em casa, senti o cheiro e disse: "Volto assim que esse cheiro e essa sopa não estiverem mais na casa." Aquela exposição foi algo que me levou a nunca mais querer voltar àquele tipo de vida ou a algo que me lembrasse dele.

Outra coisa que aprendemos é ter maturidade. Amadurecemos. Aos poucos, à medida que começamos a amadurecer, deixando o que é pequeno para passarmos ao que é grande, descobrimos que a vida não se resume a nós, mas aos outros também.

Quando começamos com algo pequeno, aprendemos a usar nosso tempo com eficiência. O último minuto que passou foi produtivo ou não? Esse é o tipo de pergunta que Deus me fez ao longo dos anos para que eu sempre fosse produtivo com meu tempo e não o desperdiçasse. Cada segundo que passa se foi para sempre. Não pode ser compensado. Você não pode voltar atrás e tê-lo de novo.

Começar por algo pequeno gera confiança em Deus. Essa confiança é algo de que você, com certeza, precisa. E sua dependência de Deus precisa continuar por toda a sua vida. Quando você tem muito dinheiro, você não quer – mas começa a – depender dele, em vez de continuar a depender de Deus. É uma tendência natural. Essa é a razão pela qual Jesus disse que é mais fácil um camelo passar pelo fundo de uma agulha do que um rico entrar no Reino dos Céus. Ele estava nos advertindo a não deixarmos de depender de Deus, por mais dinheiro que ganhemos.

Há muitas razões por que é bom para se começar com algo pequeno. Uma vez que as coisas começarem a se multiplicar, você estará preparado para lidar com elas. Deus quer que sejamos férteis, multipliquemo-nos e enchamos a terra. Temos um emprego para ganharmos uma semente que poderemos investir. Quando investimos, o dinheiro começa a se multiplicar até que ele esteja trabalhando para nós, e não o contrário. A terra trabalha para nós, e não nós que trabalhamos para a terra.

Começar por algo pequeno gera confiança em Deus.

O objetivo é começar a multiplicar. Deus não está interessado na adição, mas na multiplicação. Há um simples cálculo matemático que ilustra como a multiplicação pode ser poderosa.

Se eu tivesse de trabalhar para você durante um mês de 31 dias, começando com um pagamento diário de um centavo e que fosse sendo duplicando todos os dias, você poderia achar que estaria fazendo um bom negócio. E, nos primeiros dias, estaria.

No final do primeiro dia, você me deveria 1 centavo. No final do segundo, meu pagamento seria de 2 centavos. No final do terceiro dia, você me deveria 4 centavos. Eu ganharia 8 centavos no quarto dia e 16 centavos no quinto. Somando o valor total da primeira semana, você teria me pagado R$ 1,28 . No final de duas semanas, você ainda teria pagado um total de R$ 163,84 .

Mas, depois disso, as coisas começariam a mudar. Uma semana depois, você me deveria R$ 10.485,76 pelo dia. Somado aos vinte dias anteriores, esse valor totalizaria R$ 20.971,52 . No trigésimo primeiro dia, você teria pagado para mim um total de R$ 10.737.418,24. A multiplicação funciona muito mais rápido que a adição.

Programando o subconsciente

Falamos anteriormente sobre a parábola dos talentos. Você deve se lembrar de que um homem deu a cada um de seus servos quantias diferentes de dinheiro. O primeiro recebeu cinco talentos, com os quais ganhou mais cinco. O segundo recebeu dois talentos, e ganhou mais dois. O terceiro recebeu um talento, com o qual não fez nada. Ele então teve de se defender e explicar por que não havia multiplicado seu dinheiro.

> *Tive medo, saí e escondi o seu talento no chão*
> (Mateus 25.25).

O que havia dentro dele que não lhe permitia mudar nem aproveitar a chance? O que nasce dentro de você que o impede de tirar proveito das oportunidades em situações similares?

Quero observar novamente um versículo que você conhece bem.

> *Porque, como imagina em sua alma, assim ele é*
> (Provérbios 23.7 – ARA).

A palavra "imaginar" refere-se a um porteiro ou a um guarda à porta. Todos os seus sentidos dão informações à sua mente, tudo o que você está sentindo, vendo, ouvindo, experimentando e tocando. Sua mente então formula pensamentos baseados nessas informações.

Seguindo esse exemplo, significa que você tem a capacidade de fechar a porta para determinadas coisas que aparecem e dizer: "Não, não vou pensar nisso." Essa informação então tem de desaparecer. Ou você pode abrir a porta e dizer: "Sim, eu acredito nisso. Eu aceito."

Você pode fazer isso com qualquer pensamento que surgir, inclusive com a cobiça. Você diz: "Ah, gosto disso", e planta a semente da cobiça em seu coração, e, consequentemente, quando a semente crescer, terá poder sobre você.

Você também pode fazer isso com a prosperidade. Ao abrir a porta para pensamentos de prosperidade e os aceitar de acordo com a Palavra, eles se tornarão uma semente plantada em sua vida e, quando crescer, começarão a lhe influenciar.

Observemos a palavra "alma". Aqui, significa "o fôlego de vida, a alma viva". Cada um de nós é formado por corpo, alma e espírito. A alma é formada por mente, vontade e emoção. Mas há outra divisão na esfera da alma – o consciente e o inconsciente.

Consciência é aceitar os pensamentos e as informações que afetam os sentimentos, a mente, a vontade e as ideias. O subconsciente cuida de coisas como seu batimento cardíaco. Você não para e diz: "Bata, coração. Bata, coração." Ele simplesmente bate. Já está programado para isso. Quando um bebê nasce, o subconsciente já está conectado para mudar toda célula do corpo a cada sete anos. Ele pode reconstruir todo o corpo. Você não precisa pensar nisso. Seu subconsciente faz isso automaticamente. É seu subconsciente quem controla sua respiração.

O subconsciente pode ser programado para não suportar a vida. Conheci um homem que me falou sobre sua filha. Ela só tirava notas excelentes na escola, formou-se no ensino médio com mérito e estava se saindo muito bem na faculdade. Mas ela passou a ter tendência suicida. Ela se recuperou, segundo ele, mas agora estava com problemas de sono. Quando vai dormir, ela esquece de respirar e então acorda bruscamente à procura de ar. Eles não conseguiam entender o que estava acontecendo. O problema era que ela havia passado todo aquele tempo programando seu subconsciente para a morte, não para a vida. Mesmo não tendo mais tendência suicida, seu subconsciente ainda estava programado daquela forma.

Seu subconsciente é o que produz reações. Se alguém joga algo em você, você automaticamente reage sem precisar conscientemente nisso: ou enfrenta ou se esquiva.

Um dia, eu estava jogando golfe com meu filho, Jason, quando ele estava com quase 12 anos. Eu estava em pé ao lado da estaca perto do buraco, porque imaginei que ali fosse o lugar mais seguro. Jason estava em uma banca de areia. Ele deu uma tacada e de repente vi a bola bem na minha frente. Foi mais rápido que o pensamento.

Você está dirigindo na estrada e, de repente, um carro vem para colidir de frente com você. Você vira o volante rapidamente, acelera, pisa no freio, desvia do outro carro e segue adiante. Como isso aconteceu? Você não teve tempo de pensar. Foi uma reação produzida no subconsciente.

Você pode programar qualquer coisa em seu subconsciente. No serviço militar, fui treinado para autodefesa e passei muitos anos estudando Taekwondo. Mais tarde, na faculdade, eu estava em uma aula de educação artística com um amigo muito bom, que era um rapaz simpático e gentil por natureza. Seguimos para um porão onde um laboratório foi montado para moldar vidro com sopro. Ele foi antes de mim. O porão estava escuro. Enquanto eu atravessava o corredor, ele deu um pulo e gritou: "Búúúúú!"

O subconsciente pode mandar o corpo fazer coisas sobrenaturais.

Antes que eu pudesse pensar no que estava fazendo, dei-lhe um chute no estômago. Arrependi-me depois, mas foi uma resposta condicionada à situação. Foi mais rápido do que meus pensamentos. Há pessoas que conseguem apanhar uma flecha em movimento. É o subconsciente que está programado para reagir.

O subconsciente pode mandar o corpo fazer coisas sobrenaturais. Há histórias verdadeiras sobre façanhas incríveis. Uma mulher envolveu-se em um acidente de automóvel e seu filhinho ficou preso debaixo de um carro de duas toneladas. Em uma reação mais rápida que o pensamento, ela levantou o carro e o tirou de cima do filho. Se ela tivesse pensado conscientemente, nunca conseguiria ter feito aquilo. Era algo que estava programado em seu subconsciente.

Um avião de pequeno porte estava indo para São Francisco com várias pessoas a bordo. Enquanto se preparavam para o pouso, a cerca de seiscentos metros da pista, ele perdeu um dos motores. Isso é perigoso em qualquer situação, mas, quando acontece tão próximo do chão, é particularmente ruim. A força do outro motor faz o avião sair da rota. Os dois motores equilibram um ao outro, mas, quando um deles para de funcionar, aumentam as chances de o avião virar bruscamente e cair.

O copiloto ficou paralisado e não fez nada. O piloto assumiu o comando e fez uma série de coisas em questão de segundos que lhe permitiram controlar o avião e pousar com segurança.

Quando entrevistado mais tarde, o copiloto disse que ficou paralisado. Ele simplesmente não soube o que fazer. Não havia tempo para corrigir. Era aquilo que estava nele e foi o que produziu sua reação – não fazer nada. Ele se lembrou de observar o piloto. Tudo o que pôde ver foi uma mancha. Ele nem conseguiu ver as mãos do piloto se mexerem. Elas foram muito rápidas.

Quando perguntaram ao piloto como ele conseguiu fazer tudo aquilo em alguns segundos, ele respondeu que não sabia. Disse que foi como se tivesse muito tempo. Fez uma verificação completa dos sistemas, tudo o que havia sido treinado para fazer, e depois pousou o avião. Aquilo era o que estava nele. Foi aquilo que seu treinamento havia programado seu subconsciente para fazer.

Agora, quero que você use esse conceito e o aplique em sua vida. Se você programar seu subconsciente com riqueza, então ele reagirá às oportunidades que envolvem riqueza. Ele se aproveitará disso. Quando prosperidade e riqueza estiverem em primeiro lugar em você e a oportunidade surgir, sua reação imediata será gerar riqueza a partir da oportunidade.

Se você mudar o que está em você, então isso mudará o que está à sua volta. Seu cérebro precisa de uma lavagem. Você precisa reprogramá-lo, e enchê-lo com a Palavra. Não é suficiente apenas pensar na Palavra. Você precisa tê-la programada em seu subconsciente. Quando seu subconsciente estiver bem programado, sua reação automática à vida sempre será a de vencer.

A riqueza é uma reação apropriada a uma oportunidade. Programe-se para reagir dessa forma.

CAPÍTULO 12:

A Mente e o Coração

Somos corpo, alma e espírito. Nossos problemas realmente ocorrem na alma. O corpo é apenas barro. Seu espírito nasceu de novo. Ele tem tudo de que precisa. Não precisa de amor. Não precisa ser provado. Ele está em completa comunicação com Deus.

Os problemas estão na alma. A alma é formada por mente, vontade e emoção. É nela que encontramos os pensamentos, os sentimentos e o processo de tomada de decisão.

É tão fundamental para a vida que entendamos o papel que o subconsciente desempenha que precisamos examiná-lo minuciosamente. Ele pode afetar todas as partes de sua existência. Você vai ao médico e ele lhe diz que você tem câncer. Qual é sua reação imediata? O que está programado em seu subconsciente?

Se você se programou com a Palavra de Deus, a reação imediata é: "Pelas feridas de Jesus, fui curado. Não posso ter câncer." A reação surge antes de você ter tempo de pensar nela. Sua mente consciente pode pensar nela, mas seu subconsciente controla sua reação imediata.

O problema é que basta um grama de informação para formar uma percepção, mas é preciso uma tonelada para mudá-la. Uma vez que você tenha programado alguma coisa em seu subconsciente, isso exigirá algum esforço para ser mudado. Mas se aquilo é errado, então, você precisa mudar.

Muitos de nós crescemos programados com alguns padrões interiores errados, os quais aprendemos na infância. Alguns podem ser bem destrutivos. Seu pai teve um ataque cardíaco. Seu avô teve um ataque cardíaco. Você pensa que, provavelmente, também terá um ataque cardíaco. E possivelmente terá mesmo, caso não mude aquela programação com a Palavra de Deus.

Use sua mente consciente para plantar as sementes corretas em seu subconsciente.

Se cresceu crendo que Deus queria que você fosse doente, você não terá uma resposta adequada quando descobrir que está doente. Se cresceu crendo que Deus quer que você seja pobre, não terá uma reação apropriada a uma oportunidade de ganhar dinheiro. Você ainda permanecerá pobre.

Apenas aprender um versículo da Bíblia em sua mente consciente não produzirá a reação. Você não pode capturar a fé na mente. Ela precisa ser escrita em seu coração. Seus pensamentos e sentimentos estão constantemente mudando, mas suas reações subconscientes mudam muito lentamente. É bom quando seu subconsciente é programado de modo correto. Quando isso não ocorre, você precisa começar a mudá-lo. Você precisa reprogramá-lo ao citar constantemente a Palavra de Deus, habitar nela, meditar nela. Coloque-a em seu coração. Use sua mente consciente para plantar as sementes corretas em seu subconsciente. A mente consciente é um semeador. O subconsciente é o jardim.

Tenho falado bastante sobre isso, mas precisamos ver esse assunto na Palavra. Na verdade, isso é um princípio que permeia todas as Escrituras. Em certo momento de seu ministério, Jesus foi confrontado por certas pessoas que lhe fizeram algumas perguntas. "Mestre, qual é o maior mandamento da Lei?" (Mateus 22.36). Em outras palavras, "quais são os princípios de Deus pelos quais deveríamos viver?"

O Antigo Testamento tem os Dez Mandamentos. Jesus os agrupou em duas categorias, a fim de mantê-los simples.

> *Respondeu Jesus: "'Ame o Senhor, o seu Deus de todo o seu coração, de toda a sua alma e de todo o seu entendimento'. Este é o primeiro e maior mandamento. E o segundo é semelhante a ele: 'Ame o seu próximo como a si mesmo'. Destes dois mandamentos dependem toda a Lei e os Profetas".* (Mateus 22.37-40)

Nós somos espírito. Sabemos que tudo no espírito já ama a Deus. Assim, a única coisa sobre a qual Jesus talvez estivesse falando ao citar o coração era a alma. A alma tem mente, vontade e emoções, e a vontade tem uma parte consciente e outra subconsciente.

Jesus mencionou duas coisas específicas: a mente e o coração. Isso corresponde ao consciente e ao subconsciente. Tudo procede do coração, não da mente. Você muda a mente e não poderá mudar nada mais. Você muda o coração e poderá mudar tudo.

Portanto, a mente pode ser modificada. Pensamentos são mudados facilmente. Reações, no entanto, são alteradas muito lentamente. Quando educa filhos, você deseja formar no subconsciente deles reações corretas a fim de que, quando se confrontarem com crises na vida, respondam mais rapidamente que um pensamento, que um sentimento. Assim, eles reagirão adequadamente a qualquer circunstância ou situação.

Nós programamos nossos filhos com muitas coisas. O que eles pensam em relação ao dinheiro enquanto crescem é o resultado da forma como os programamos. A ética no trabalho que eles desenvolvem é baseada na forma como os programamos. Ou programamos uma reação de que é correto ter ética no trabalho, trabalhar duro, começar cedo e parar tarde ou programamos uma reação de resmungar e queixar-se sobre seu chefe e seu trabalho miserável. Qual delas eles escolherão dependerá do que nos virem fazendo. Se sua atitude é "Mal posso esperar pelo final de semana pra cair fora e me divertir!", não se surpreenda se seu filho, com 16 ou 17 anos, quiser se divertir em lugar de trabalhar. Foi isso que você programou no subconsciente dele. E essa será a reação de seu filho à vida.

O mesmo acontece com a moralidade. O que você está programando por meio de sua vida e de seu exemplo? Quando sua filha estiver em algum lugar, em um carro estacionado, e a oportunidade aparecer, você desejará que alguma coisa no subconsciente dela se levante e diga: "Não! Não vou fazer isso enquanto não casar!" Mas se há imoralidade no lar, você está programando a coisa errada e, muito provavelmente, terá o resultado errado. Você deve programar seu filho com a reação correta antes que a oportunidade chegue a ele.

Nunca é tarde para começar a mudar a programação que está em você, mas é preciso que comece a plantar as sementes corretas desde já. Faça isso em você mesmo e em seus filhos. A mente pode ser mudada facilmente. O comportamento procede do coração.

Escrito no coração

Vemos essa combinação de coração e mente no Antigo Testamento também.

> *"Eu sou o SENHOR que sonda o coração*
> *e examina a mente,*
> *para recompensar a cada um*
> *de acordo com a sua conduta,*
> *de acordo com as suas obras".*
> (Jeremias 17.10)

"Sondar" significa "penetrar, examinar intimamente" o coração. Em hebraico, o coração significa "a parte mais interior". Essa é a razão pela qual a Bíblia diz para irmos para o quarto e fecharmos a porta a fim de orar. Você deve sondar seu coração, sua parte mais interior, e encontrar ali o que crê, pois isso é a única coisa que será capaz de receber. Você não pode receber nada de sua cabeça, mas recebe do coração, o subconsciente.

Contudo a passagem também diz que Deus examina a mente. A palavra "mente" significa "a parte que guia". Ela é a parte que controla. É o semeador para o subconsciente. É onde você determina o que irá para o subconsciente a fim de programá-lo. É literalmente "a parte que guia o que é preparado". Em outras palavras, sua mente e seus pensamentos determinam o que será plantado em seu coração.

Depois vem a palavra "recompensar", que significa "dar". Ele diz: "Para recompensar" ou "dar a cada um de acordo com a sua conduta".

"Conduta" expressa "a escolha ou o curso da vida". Deus lhe permite viver a vida que você escolheu. É "de acordo com as suas obras". Deus não passará por cima de sua vontade. Ele não fará você próspero até que isso seja parte de seu coração, de sua parte mais interior.

O coração é mencionado novamente em Provérbios.

> *Que o amor e a fidelidade jamais o abandonem;*
> *prenda-os ao redor do seu pescoço,*
> *escreva-os na tábua do seu coração.*
> (Provérbios 3.3)

Tábua refere-se a uma superfície polida, alisada, possivelmente de pedra ou de madeira. Para escrever nela, você tem de riscar ou entalhar. Por isso, Deus diz: "Escreva meus preceitos, escreva misericórdia e escreva a verdade da Palavra nessa superfície polida e dura."

Você já entalhou suas iniciais em uma mesa? Dá muito trabalho depois para tirar. Você terá de lixá-la e raspá-la. Isso não sai facilmente. Deus diz para gravarmos seus preceitos em nosso coração para que eles não saiam de lá facilmente.

Deus deseja muito que sua verdade saia de nossa mente e entre em nosso coração. É o que ele diz que espera de nós.

> *"Esta é a aliança que farei com eles, depois daqueles dias, diz o Senhor. Porei as minhas leis em seu coração e as escreverei em sua mente".* (Hebreus 10.16)

Ele diz que irá escrever suas leis no processo de plantação de sementes da mente consciente e no subconsciente, se permitirmos. De onde vem a fé? Vem de ouvir e ouvir. Ela apaga todo o medo, dúvida e incredulidade que já estejam escritos em nosso coração. Tudo isso tem de ser arrancado e substituído pela verdade da Palavra.

Deus diz para gravarmos seus preceitos em nosso coração para que eles não saiam de lá facilmente.

Por muitos anos, Maureen e eu temos ouvido constantemente versões em áudio da Bíblia em nossa casa. Fazemos isso enquanto estamos dormindo também. Ouvimos todo o tempo. A razão é que estamos constantemente reprogramando nosso subconsciente com a Palavra.

Você pode verificar o que está em seu subconsciente por lembrar-se de seus sonhos. Sua mente consciente vai dormir, mas seu subconsciente mantém-se produtivo a noite toda e trará para a superfície o que está lá e lhe revelará as intenções de seu coração. Se você tiver medos, terá pesadelos assustadores. Se tiver paz, seus sonhos serão tranquilos. Tenho feito a Palavra me acompanhar em meu sono há tanto tempo que frequentemente acordo rindo alto. Alegria é parte de meu coração, não só da minha mente.

Vemos a dupla mente e coração também em Hebreus 4.12, versículo muito familiar à maioria dos cristãos:

> *A palavra de Deus é viva e eficaz, e mais afiada que qualquer espada de dois gumes; ela penetra até o ponto de dividir alma e espírito, juntas e medulas, e julga os pensamentos e intenções do coração.*

Mais uma vez, a intenção não está apenas nos pensamentos, o semeador, mas também no jardim do subconsciente. Você pode ter lutado com algo como o cigarro, por exemplo. Seus pensamentos eram que você queria largá-lo, mas a carne ainda estava lutando. Nas intenções do coração, no entanto, você plantou a semente que Deus chama seu corpo de templo do Espírito e qualquer coisa nociva a ele que você faça está errada. Com isso, a intenção cresce no coração e, no devido tempo, provocará a reação de parar de fumar. A Palavra vai raspar fora o lixo.

Deus diz para gravarmos seus preceitos em nosso coração para que eles não saiam de lá facilmente .

Os pensamentos da mente são o consciente. O coração é o subconsciente.

Meu filho, escute o que lhe digo;
preste atenção às minhas palavras.
Nunca as perca de vista;
guarde-as no fundo do coração,
pois são vida para quem as encontra
e saúde para todo o seu ser.
Acima de tudo, guarde o seu coração,
pois dele depende toda a sua vida.
Afaste da sua boca as palavras perversas;
fique longe dos seus lábios a maldade
(Provérbios 4.20-24).

Aqui, outra vez, Deus nos diz para manter o coração correto. Mantenha positiva a programação em seu subconsciente. Mantenha-a cheio da Palavra. Como fazemos isso? Livre-se da boca mentirosa e dos lábios perversos. Sua boca, sua língua, seus pensamentos, sua visão, suas palavras – eles têm o poder de vida ou morte. São eles quem determinam a semente que será semeada em seu subconsciente.

É do coração que procedem as fontes da vida. É extremamente importante que você mantenha "vida" escrita nele. É o coração que produz a fé.

> *"Eu lhes asseguro que se alguém disser a este monte: 'Levante-se e atire-se no mar', e não duvidar em seu coração, mas crer que acontecerá o que diz, assim lhe será feito".* (Marcos 11.23)

O versículo diz quem "não duvidar em seu coração". Isso é a reação, a qual é mais rápida que um pensamento. Você pode ter algumas dúvidas na mente e seus sentimentos podem mudar de um dia para o outro ou depois de alguém impor as mãos sobre você. Você sentiu a presença de Deus, mas, tão logo saiu do culto, você teve todo tipo de pensamento. Mas se isso estiver escrito em seu coração, se você crer no coração, você continuará a reagir.

Última linha de defesa

Espero que você esteja começando a ver que não se trata apenas de um versículo isolado em algum lugar da Bíblia. Antes, é um princípio que percorre cada parte da Escritura. Deixe-me fechar esses pensamentos com mais uma ilustração sobre como isso funciona.

Deus colocou Adão e Eva no jardim do Éden. O Éden era um lugar, e o jardim era um lugar nele, assim como a alma é um lugar no qual há um jardim. Naquele jardim, Deus colocou a árvore da vida e a árvore do conhecimento do bem e do mal, e deu a Adão e a Eva a possibilidade de escolher entre elas. Essa é uma escolha que você faz todos os dias.

O que protege esse jardim é o poder da vontade. Ela é a última linha de defesa para a semente que você planeja plantar em seu jardim. A vontade pode determinar qual semente será permitida ou não.

Adão e Eva escolheram a árvore do conhecimento do bem e do mal, oposta à árvore da vida. Quando observamos o Novo Testamento, vemos a mente consciente com vontade e emoções e o subconsciente no qual plantamos as sementes da vida: saúde, alegria, paz e prosperidade. Esse é o reino da vida da alma. É o Éden no Novo Testamento. É o seu jardim do Éden, leitor.

A semente é a Palavra. Os pensamentos e a visão que você tem vão se tornar a semente. O que plantar como semente é o que você fará de fato. Se você quer sucesso, se quer ter muito mais, tem de começar a dar atenção ao que está plantando no jardim de seu coração. Plante prosperidade e é isso que você colherá.

CAPÍTULO 13:

Altere Seu Sistema Operacional

Há muitos anos, fui esquiar com meu filho, Scot, e com um amigo dele chamado Dave. O rapaz nunca havia esquiado antes, mas prendemos os esquis nele e o levamos para uma das montanhas mais altas. Ele se sentou entre nós no teleférico e, quando chegamos ao topo, ele desceu e caiu muito rapidamente. Isso não foi surpresa, uma vez que ele não havia sido treinado para esquiar.

Para passar por ele, tive de esquiar para o lado; com isso, eu me choquei contra um pilar e quebrei quatro costelas que se desprenderam do esterno. Eles me enfaixaram, comprimiram meu peito, fizeram pressão em meu coração e deixaram minha condição física um pouco melhor.

Eu adoro esquiar; por isso, decidi seguir em frente e, de fato, esquiei o dia todo. Quando cheguei às colinas, soltei um pouco as faixas e me senti melhor; contudo a dor piorou quando subi no teleférico novamente. Mas aguentei firme até o fim do dia.

Ao voltar para casa, procurei um médico. Ele me examinou e disse: "Você causou uma lesão no coração. Você teve um ataque cardíaco. Está tudo uma bagunça aí. Você terá sorte se terminar a vida numa cadeira de rodas, pois o dano foi muito grande."

Eu chamei os presbíteros da igreja e eles oraram por mim, de acordo com as Escrituras. Tomei o medicamento que deveria tomar para regular meu batimento cardíaco.

Foi em um dia de Ano-novo que acordei e não pude tirar a cabeça do travesseiro, porque ficava tonto toda vez que tentava. Tomei o pulso e estava com menos de trinta batimentos por minuto. Eu estava tão tonto que não conseguia ficar em pé.

Minha esposa me levou ao pronto-socorro; os médicos fizeram todos os testes em meu coração e não conseguiram encontrar nada de errado. Disseram que era o medicamento que estava causando o problema. Eu fui completamente curado e permaneço assim desde então.

A razão por que conto essa história, no entanto, não é para falar sobre cura. Há um importante aspecto que eu gostaria que você entendesse. Os médicos me mantiveram no hospital até que o medicamento fosse eliminado; então, me mandaram para casa.

Eu estava fisicamente bem, mas, durante o próximo ano e meio, minha mente consciente não confiava em meu inconsciente para fazer meu coração bater. Eu podia ouvir meu batimento cardíaco 24 horas por dia. Eu podia ouvir o sangue fluir em minhas veias. Tornei-me dolorosamente consciente disso. Eu tentava dormir à noite, mas tudo o que conseguia ouvir era o coração bombeando. De vez em quando um batimento falhava e eu pensava: "Será que estou morrendo?" Eu saltava da cama, pensando que, se eu me movesse, poderia fazê-lo bater de novo. Não havia nada de errado com ele. É normal o coração fazer isso ocasionalmente, mas ele se aproveitou de meus pensamentos conscientes. O medo surgiu dentro de mim.

Tive de trabalhar diligentemente com a Palavra por mais de um ano a fim de reerguer as paredes entre o consciente e o subconsciente para que o consciente pudesse outra vez confiar no trabalho do subconsciente. Tive de reprogramar meu subconsciente.

Do modo como um homem pensa, sente e crê, assim será seu estado de mente, corpo e circunstâncias. Em outras palavras, seus pensamentos estão afetando sua mente. Seus sentimentos estão afetando seu corpo, e seu sistema de crenças está produzindo a circunstância ou os efeitos daquilo que você plantou no coração.

Se você conseguir colocar as coisas certas em seu subconsciente, então, seu consciente poderá confiar nisso. Embora o medo possa entrar em seus sentimentos ou a dúvida se levantar em seus pensamentos, eles não podem controlar suas reações. A Palavra de Deus gravada em seu coração, seu subconsciente, toma a dianteira e você reage de acordo com ela. Quando houver uma oportunidade para a riqueza, seu subconsciente reagirá mais rápido que seus pensamentos e dirá: "Vamos lá!" Isso significa que temos de reprogramar nosso sistema operacional. Queremos ter as coisas certas dentro de nós.

Do modo como um homem pensa, sente e crê, assim será seu estado de mente, corpo e circunstâncias.

Você já se perguntou por que as pessoas são tão diferentes umas das outras? Uma é feliz, outra é triste; uma é próspera, outra é pobre; uma é tímida, outra é confiante; uma vive no luxo; outra não. Uma é perdedora, enquanto outra é um grande sucesso; uma está sempre doente, e outra já se curou; uma tem crise após crise, enquanto outra parece passar pela vida sem grandes problemas.

As pessoas estão sempre mudando seus pensamentos conscientes, esperando que, por pensar de modo positivo, as coisas vão melhorar. O problema é que os pensamentos estão sempre mudando. Você pode ser de direita hoje, de esquerda amanhã, liberal no outro dia, e decidir se mudar para a França no outro. Seus pensamentos são muito rápidos e instáveis. Você pode estar feliz em seu casamento hoje e amanhã estar pronto para pedir o divórcio, só porque algum incidente doméstico criou uma justificativa para isso. O problema está naquilo com que nosso subconsciente foi programado. Se você plantar amor em seu coração, então ele se manifestará como uma reação imediata e poderá vencer os pensamentos negativos. A batalha está em nossa mente.

> *Pois Deus, que disse: "Das trevas resplandeça luz", ele mesmo brilhou em nossos corações, para iluminação do conhecimento da glória de Deus na face de Cristo. Mas temos esse tesouro em vasos de barro, para mostrar que este poder que a tudo excede provém de Deus, e não de nós.* (2 Coríntios 4. 6-7)

O vaso de barro é nosso corpo. É o pó de que fomos feitos. Nossa moradia temporária é de barro. Somos corpo, alma e espírito. O corpo está voltando ao pó. O espírito foi regenerado e é completamente novo. A alma é a parte que está mudando. A chave é programar o subconsciente com a Palavra para que ela possa se relacionar diretamente com o espírito. A concordância entre os dois irá produzir a reação correta diante das circunstâncias, sejam elas negativas ou positivas.

Isso é reprogramar o sistema operacional. E é a Palavra de Deus que faz isso. A Palavra é o "poder que a tudo excede" que está nos "vasos de barro". É Deus quem opera isso em nós, não nós que fazemos por nós mesmos. Deus determinou que seria dessa maneira para que você nunca possa dizer "Ei, olhem o que eu fiz!" É a Palavra em nós que faz o trabalho.

Se alguém grita com você com ira, há uma reação que brota de você, sem nem lhe dar tempo para pensar sobre o assunto. Ela simplesmente surge. Isso vem daquilo que Jesus chamou de "abundância no coração".

> *"Raça de víboras, como podeis vós dizer boas coisas, sendo maus? Pois do que há em abundância no coração, disso fala a boca. O homem bom tira boas coisas do bom tesouro do seu coração, e o homem mau do mau tesouro tira coisas más"* (Mateus 12.34-35 – ACF).

A boca fala daquilo com que você programou seu subconsciente. É uma resposta mais rápida que o pensamento. Se seu adversário boxeador lhe dá um golpe, você não pensa na reação que terá. Você não pensa conscientemente: "Vou bloquear isso e dar outro soco." Não, você bloqueia instantaneamente e dá um golpe sem pensar. Isso está programado em seu subconsciente.

Essa resposta faz o que precisa ser feito. Ela não está conectada a pensamentos ou sentimentos. Ela brota diretamente da abundância no coração.

O versículo 35 diz que um homem bom tira coisas boas do tesouro de seu coração. Mais uma vez, vemos uma reação baseada naquilo que foi plantado no subconsciente. Sempre que você tiver consistentemente esses pensamentos, eles se tornam sementes que são plantadas no solo do subconsciente, e elas produzem segundo sua espécie. Se você perdoa, ofende e julga, e é só isso que você consegue ter em seus pensamentos, então, isso irá programar sua reação a outras pessoas ou circunstâncias. Se você constantemente desenvolve pensamentos de alegria, de amor, de paz e de todas as coisas boas de Deus, serão essas as sementes plantadas e que determinarão sua reação.

Temos de plantar as coisas certas na casa do tesouro se quisermos que a resposta certa se manifeste em nós.

Temos de plantar as coisas certas na casa do tesouro se quisermos que a resposta certa se manifeste em nós. É uma regra simples de causa e efeito. Ela funciona no mundo espiritual do mesmo modo como no físico. Se você plantar a coisa certa, que é a causa, isso criará um efeito.

Entendo que há momentos em que alguma pessoa pode afetar sua vida de modo ruim. Alguém bate em seu carro, por exemplo. Isso não é algo sobre o qual você tem algum controle. Não foi você quem bateu, mas foi o outro que lhe causou um dano físico. Contudo, se a Palavra de Deus estiver plantada em você, você poderá alterar o efeito daquilo que alguém fez.

Há uma história sobre um fazendeiro que tinha uma mula favorita. Um dia, ela caiu em um poço seco; começou a zurrar e a berrar. O homem ficou desesperado. Ele tentou tudo o que podia para tirar a mula do poço. Tentou puxá-la com cordas, mas não funcionou. Tudo o que tentou foi inútil.

A noite veio e o fazendeiro, por fim, se conformou em perder a mula. Ele disse: "Bem, pelo menos posso dar à minha velha mula um sepultamento decente." Assim, durante a noite toda, o homem jogou terra no buraco para enterrar o animal.

Mas o animal, lá no fundo do poço, sentia a terra cair em seu dorso. Cada vez que uma pá cheia de terra era jogada, ela a sacudia do dorso e a pisoteava. Pela manhã, a mula conseguiu sair do poço.

A moral dessa história é que a causa estava totalmente fora do controle da mula, mas ela alterou o efeito. Isso é o que Deus quer que façamos. Alguém pode fazer coisas acontecerem em sua vida, mas você tem o poder em seu interior para mudar o efeito. Como você lida com a terra que alguém joga sobre você? Tudo depende de como você programou seu subconsciente. Se tem a Palavra de Deus programada nele, você perceberá que aqueles que lhe jogam terra estão apenas perdendo terreno.

O que temos de fazer é aprender a controlar nossos pensamentos; assim, estaremos constantemente plantando a semente correta.

> *Porque, andando na carne, não militamos segundo a carne. Porque as armas da nossa milícia não são carnais, mas sim poderosas em Deus para destruição das fortalezas; destruindo os conselhos, e toda a altivez que se levanta contra o conhecimento de Deus, e levando cativo todo o entendimento à obediência de Cristo.*
> (2 Coríntios 10.3-5 – ACF)

Nossas armas não estão no plano natural. Elas são espirituais, ou seja, a Palavra. Ela é nossa arma básica, a única que sempre funcionará. É a Palavra que destruirá fortalezas.

O que são fortalezas? Muitas vezes pensamos que elas se referem a algo em nossa mente, mas não é isso. A mente não é capaz de fazer muita coisa. Você pode ver isso ao tomar suas decisões de Ano-novo. Nenhuma delas funciona porque você tentou fazê-las com a mente. Você decidiu uma centena de vezes que iria parar de fumar, mas ainda está fumando. Ou largou o cigarro e agora está comendo muito. Você apenas trocou um vício por outro.

Ainda há algo programado em seu coração que precisa ser mudado. A fortaleza está em seu subconsciente. Para mudá-la, você precisa de uma reprogramação. Isso é verdade em relação a qualquer tipo de problema que você esteja enfrentando. Se você tem problema com ira, é porque ela está programada em seu subconsciente e tem de mudar o programa. Se você tem problema com lascívia, é porque ela está programada em seu coração, e tem de mudar a programação.

Queremos nos livrar dessas fortalezas. Como fazemos isso? Levando cada pensamento cativo ao Ungido, Cristo Jesus. Toda vez que um pensamento errado aparecer em sua mente, diga: "Não, eu não vou pensar nisso. Vou pensar de acordo com a Palavra." À medida que começar a controlar seus pensamentos, você começará a mudar a semente que está plantada em seu coração, e isso irá derrotar as fortalezas.

É por isso que Paulo diz que devemos determinar o que teremos sempre em nossos pensamentos.

> *Finalmente, irmãos, tudo o que for verdadeiro, tudo o que for nobre, tudo o que for correto, tudo o que for puro, tudo o que for amável, tudo o que for de boa fama, se houver algo de excelente ou digno de louvor, pensem nessas coisas.* (Filipenses 4.8)

Temos de pensar nessas coisas porque elas reprogramarão nosso sistema operacional; assim, começaremos a ter reações diferentes às circunstâncias da vida.

Enrico Caruso foi um dos maiores cantores de ópera de todos os tempos. Durante os primeiros vinte anos do século 20, ele foi um dos cantores mais populares de todos os gêneros musicais. Gravou 260 músicas e ganhou milhões de dólares em vendas de LPs de 78 rotações. Caruso foi considerado um dos maiores artistas de sua era.

Enquanto estava sendo treinado, no entanto, seu professor de canto lhe disse para esquecer aquilo, pois ele nunca seria capaz de cantar. Em vez de parar, ele trocou de professor. Mas aquelas sementes estavam tentando ser plantadas em seu coração.

Quando foi fazer seu primeiro grande concerto – a primeira vez para um grupo de ouvintes, que não era tão pequeno –, ele se sentou no fundo da sala, tremendo de medo. Pensar em cantar diante de duas mil pessoas o aterrorizava. Isso era o resultado daqueles pensamentos que estavam tentando voltar.

Alguém que o ouviu registrou que, naquele momento, Caruso levantou-se e disse: "O pequeno eu está com medo que as pessoas riem e que não conseguirei cantar. Mas o grande eu está erguido e ele pode cantar." O "grande eu" era seu subconsciente. Ele havia sido treinado e programado. Ele poderia cantar muito bem e se manifestou com aquela atitude. O que havia sido programado em seu coração durante os ensaios venceu os pensamentos negativos do professor de canto. Caruso tornou-se um dos maiores de seu tempo.

Não importa o que sua mente esteja dizendo – seus pensamentos, medos e dúvidas –, se você programar a reação correta, quando a crise vier, seu subconsciente irá erguer-se e dizer: "O grande Deus em mim é maior que qualquer circunstância, maior que qualquer situação. Ele é todo-poderoso, mais do que vencedor."

Sua mente subconsciente trabalha 24 horas por dia a fim de tomar as providências para seu benefício. Ela está constantemente lançando os frutos em seu solo. A questão é: que fruto está sendo colhido? Só será possível colher aquilo que você plantou. Se não gosta do fruto que tem, você precisa mudar a semente. Você não pode continuar a plantar milho e esperar colher ervilhas. Isso não vai acontecer. Tem de plantar a coisa certa.

CAPÍTULO 14:

O Poder da Sugestão

Lembro-me de um incidente que aconteceu quando eu tinha uns 8 anos. Eu estava brincando com minha luva de beisebol e com uma bola. Eu a lançava ao ar e a pegava, vez após vez.

Meu pai havia acabado de construir duas cabanas de madeira, feitas com tábuas e chanfradas. Elas ficavam próximas de nossa casa, e ele planejava alugá-las. Portanto, fez uma placa de metal enfeitada com madeira, toda pintada de branco, na qual iria escrever "Aluga-se por dia ou por semana" com letras em vermelho vivo. Deixou a placa deitada no gramado onde pudesse aplicar o molde para as letras. Já havia deixado o pincel e a lata aberta de tinta perto dele, exatamente onde eu estava jogando a bola para cima e pegando-a.

Ele me disse: "Filho, não jogue a bola aqui, porque você vai ficar sem ela. Ela vai quicar, bater na lata e espalhar tinta sobre a placa."

Como um garoto de 8 anos, eu sabia que não deixaria de pegar a bola. E, mesmo que não conseguisse, a possibilidade de aquela bolinha quicar e parar na lata eram astronômicas. Por isso, não levei aquilo muito a sério.

Mas você não sabe! A próxima vez que joguei a bola para cima, ela bateu na ponta da luva, pulou uma vez, acertou a lata e espalhou a tinta vermelho vivo sobre toda a placa. E, sem dúvida, a surra veio logo depois.

Daquele incidente, aprendi alguma coisa sobre o poder da sugestão.

O dicionário define essa palavra como "o ato ou a instância de colocar algo na mente de alguém, o processo de um pensamento, uma ideia, indicação para acolher uma ideia, aceitá-la e, então, levá-la a cabo."

Em outras palavras, quando uma sugestão é feita, ela pode ser acolhida. Você pode aceitá-la como verdade e acreditar nela. Isso a torna concebível e, então, vai produzir uma ação. É assim que o processo funciona. O que você semeia é o que terá de fato.

O mundo tem utilizado o poder da sugestão por centenas e centenas de anos. Todo anúncio publicitário nada mais é do que o poder da sugestão em ação. A mera sugestão pode fazer você querer o produto.

Há leis que passaram a proibir mensagens subliminares em propaganda. Essas mensagens mostravam na tela de alguns cinemas as palavras "Você está sedento por uma Coca". Isso aparecia de vez em quando em apenas um quadro e de um modo tão rápido que sua mente consciente não conseguia detectar. Mas o subconsciente podia captar isso e, antes que você se desse conta, já tinha ido comprar uma Coca. Tudo isso tem a ver com a sugestão que você planta no subconsciente.

Normalmente consideramos a Bíblia como um livro de mandamentos de Deus sobre como viver. Mas Deus está de fato empenhado em fazer a Palavra entrar em nosso subconsciente, onde ela afetará nossas reações. Ela é, na verdade, um livro de sugestões. Você não tem de seguir nada dela. Você tem uma escolha. Você não tem de ser salvo; pode tomar a decisão que quiser. Mas Deus nos deu um livro de sugestões para termos vida. Temos de aceitá-las antes que elas tenham qualquer efeito.

"Pelas suas feridas fomos curados" (Isaías 53.5) é uma sugestão para você ter saúde e ser perfeito fisicamente. Mas você tem de receber isso. Isso tem de ser acolhido e aceito para que seja feito. Tem de ser escrito em seu coração, não só em sua mente. Então, haverá uma reação, mais rápida que um pensamento.

Um hipnotizador entende melhor do que a maior parte do Corpo de Cristo como a sugestão funciona. Ele se dirige à plateia e pergunta: "Quem aqui deseja ser hipnotizado?"

Ele usa a palavra "deseja" porque é fundamental que a vontade seja submetida à ação. Quando um indivíduo se apresenta, ele está tomando alguma forma de decisão de submeter sua vontade. Isso é a coisa mais perigosa que uma pessoa pode fazer. Você deve submeter sua vontade exclusivamente à Palavra de Deus. Jesus deu-nos o exemplo no jardim do Getsêmani quando disse: "Não seja feita a minha vontade, mas a tua." Ele se submeteu à Palavra, a nada mais. Você não deve nem mesmo submeter sua vontade a seu cônjuge. Ela é a última linha de defesa entre seu consciente e seu subconsciente.

Você deve submeter sua vontade exclusivamente à Palavra de Deus.

Assim que uma pessoa vai ao palco com o hipnotizador, ele diz algo como "Agora, sente-se. Fique à vontade e concentre-se." Então, começa a balançar um objeto em frente à pessoa. Qual é o objetivo? É fazer com que a mente consciente se foque em algo a fim de que a pessoa a esvazie o suficiente para não ter nenhum pensamento contrário ao que ele está tentando fazer. Ele mantém a pessoa visualmente focada na repetição do objeto oscilando para lá e para cá e diz "Você está ficando com sono...". Não demora muito, ela está dormindo.

Nesse momento, a pessoa entrou na mente subconsciente. Ela está em um estado hipnótico. O hipnotizador pode fazer uma sugestão ao subconsciente e isso será plantado sem nenhuma interferência da vontade, que foi colocada para dormir. Ele pode dizer "Você é um cachorro", e a pessoa começará a latir.

O poder daquela sugestão está agora trabalhando no subconsciente. Há, no entanto, algumas limitações para o que ele pode fazer. Uma vez que é no subconsciente que o sistema de crenças se encontra, ele nunca poderá induzir a pessoa a fazer qualquer coisa contrária a seus valores morais ou à sua fé. Mas ele pode plantar sementes que poderão crescer ao longo do tempo. Isso é o poder da sugestão.

Esse é o perigo em várias formas de adivinhar a sorte. Muitos cristãos sabem que não devem se meter com horóscopos ou tábua ouija ou astrologia, mas poucos entendem a razão. No momento em que abre o jornal e consulta o horóscopo, você coloca uma sugestão em sua mente. Se ali disser para você não sair de casa naquele dia, pois sofrerá um acidente, isso gerará medo em você. Você ficará o dia todo em casa até o horário de ir buscar as crianças na escola. Então você vai dirigir com tanto cuidado que, no final, por seu excesso de cautela, provocará um acidente.

Quando você se abre para uma dessas formas de leitura da sorte, está se conectando ao poder da sugestão e, se o receber, poderá concebê-lo e ser influenciado por ele.

É somente um pequeno passo a mais para o problema com os falsos profetas. Eu creio em profecias. Profetas são parte do ministério quíntuplo da igreja. Há profetas legítimos.

Mas há também falsos profetas. São aqueles que têm prazer em entregar profecias pessoais aos outros. As profecias são boas quando edificam, encorajam e centram-se na Palavra. Mas há muitos na igreja que não profetizam a Palavra de Deus. Eles dizem coisas como "Deus me mostrou que você tem que vender tudo o que tem, pegar sua família e se mudar para a Groelândia para começar uma igreja".

Sua primeira reação deve ser: "Por que Deus não me disse isso pessoalmente?" Você nunca deve se sujeitar à vontade de outra pessoa para sua vida. Na verdade, eu até mesmo sou muito cuidadoso em relação a quem permito que ore por mim. Não quero me submeter ao poder da sugestão de outra pessoa.

A razão pela qual falsos profetas às vezes têm sucesso é porque queremos agradar a Deus. Quando recebemos uma profecia pessoal, começamos a pensar que aquilo vem de Deus, queremos ouvir a voz de Deus. É quando nos metemos em problemas. Você não tem somente o direito de questionar e julgar a profecia, mas tem a responsabilidade de discernir. Se essa tal profecia não estiver alinhada com a Palavra e com o que você já sabe que Deus está fazendo em sua vida, então, não dê ouvidos a ela.

Houve um homem que levou a família em uma viagem de férias para a Índia. Eles viram os pontos turísticos, visitaram o Taj Mahal e se divertiram muito. Em certo momento, a família desafiou o homem a ouvir sua sorte ser contada por uma mística local. O marido, por fim, decidiu que aquilo seria divertido, pagou o valor cobrado e se sentou. A senhora começou a ler sua linha da vida.

Ela ficou chocada e disse: "Oh! Meu Deus! Pouco tempo." Ela olhou para ele e acrescentou: "Você vai ter um ataque cardíaco antes da próxima lua nova."

Você precisa tomar cuidado com o que permite que entre em seu subconsciente, pois poderá acreditar naquilo.

Todos eles riram disso e de como a ideia era ridícula. Porém decidiram encurtar um pouco as férias e voltar para os Estados Unidos. Já de volta, o marido continuou a pensar naquele presságio. Ele achou que seria bom deixar todos os seus negócios em ordem, não porque acreditasse na quiromante, mas só por precaução. Procurou o médico e fez um exame completo para saber se não havia problemas com o coração. O médico disse que tudo estava bem e que não havia absolutamente nada de errado com ele.

No entanto, antes da lua nova, ele morreu de ataque cardíaco.

Não é que a mulher pôde prever o futuro. Foi muito mais o poder da sugestão que criou o futuro. Você precisa tomar cuidado com o que permite que entre em seu subconsciente, pois poderá acreditar naquilo. E, se você crer, isso produzirá um efeito em sua vida que talvez você não queira.

Praticantes da Palavra

Tiago fala sobre o poder da sugestão e sobre como funciona na tentação. No primeiro capítulo de sua carta, ele afirma que Deus não tenta as pessoas e, então, explica como elas são tentadas.

> *Cada um, porém, é tentado pelo próprio mau desejo, sendo por este arrastado e seduzido. Então esse desejo, tendo concebido, dá à luz o pecado e o pecado, após ter se consumado, gera a morte.* (Tiago 1.14-15)

Vamos ver algumas palavras desses versículos. A primeira é "tentação". Nada mais é do que uma sugestão sussurrada. O inimigo se aproxima e diz: "Está vendo a esposa daquele cara?" Ele se aproxima de uma garota e diz: "Está vendo o marido daquela mulher?"

Algo se conecta, pois você aceita a tentação e acredita nela. A tentação começa a ser gerada e, tendo concebido, se torna uma condição aceita. Então, em algum momento da estrada, o inimigo dá a oportunidade para que aquilo que foi aceito seja colocado em prática. Nesse momento, isso está no coração, no subconsciente, é parte da programação e a resposta à oportunidade é inadequada.

Foi a isso que Jesus se referiu quando disse que aquele que olha com lascívia para uma mulher já cometeu adultério no coração (Mateus 5.28). A coisa já está no subconsciente e, tão logo a oportunidade se apresente, a resposta será adultério.

A questão aqui não é o que está em sua mente consciente. Tiago diz que seu coração precisa estar envolvido.

> *Sejam praticantes da palavra, e não apenas ouvintes, enganando-se a si mesmos. Aquele que ouve a palavra, mas não a põe em prática, é semelhante a um homem que olha a sua face num espelho e, depois de olhar para si mesmo, sai e logo esquece a sua aparência.*
> (Tiago 1.22-24)

Temos de "praticar" a palavra, que é a resposta do coração; não apenas ouvi-la, a ação da mente consciente. Tiago descreve um homem olhando a própria face no espelho. Ele se afasta e esquece sua aparência. Se o pensamento só estiver retido na mente, mas nunca plantado no subconsciente, você nunca acreditará nele nem irá aceitá-lo, e, assim, ele nunca produzirá uma reação apropriada. Ouvintes apenas ouvem, mas a mente natural, o consciente, esquece. Porém o subconsciente não.

Você pode perguntar, então, o que significa a Escritura que diz que devemos esquecer as coisas que ficaram para trás e seguir para aquelas que estão adiante de nós (Filipenses 3.13). A palavra "esquecer" nesse versículo significa "transpor". Em outras palavras, significa "cobrir". Você pode ter sofrido abuso físico ou sexual ou alguma outra coisa terrível no passado. A Palavra de Deus transpõe essas coisas, cobre-as e as elimina de seu subconsciente. Deus as substitui pela Palavra, para que você não mais reaja ao passado, mas à Palavra.

Essa é a única razão pela qual Paulo pôde dizer: "Não tenho sangue em minhas mãos" (cf. Atos 18.6 – ACF) . Ele havia matado muitas pessoas antes de entrar no Reino de Deus, mas, mesmo assim, podia dizer que era justo diante de Deus. Ele havia colocado o que Jesus fez acima de tudo o que estava em seu coração.

Você pode vencer quaisquer circunstâncias nas quais esteja envolvido. Apenas tome o suficiente da Palavra para transpor seu futuro sobre todo seu passado e prossiga com sua vida.

O Senhor deu-lhe o poder de obter riqueza, não um pouco dela, mas muito. Quando pensamentos de riqueza são aceitos e a vontade é submetida a eles, a riqueza torna os pensamentos e os sentimentos críveis, como uma verdade, a qual concorda com seu espírito. Aquilo que você recebeu é o que você colocará em prática e começará a fazer. É desse modo que a fé opera.

A Palavra sugere algo a você. Ela sugere riqueza, saúde, alegria, paz, vida e amor. Se você receber isso, ela irá mudar seu subconsciente e provocar uma resposta completamente diferente para cada situação na vida. Se você não tem a resposta certa, então deixe a Palavra de Deus entrar em você e mudar o que está em seu coração.

CONCLUSÃO

Um Mundo de Muito Mais

O plano de Deus é que seu povo seja próspero. É importante que entendamos por que Deus quer isso. Ele deseja nos abençoar para que possamos ser uma bênção. Ele quer que tenhamos muito para que possamos ser generosos em qualquer ocasião.

É uma pena que muitos estejam convencidos de que Deus os quer pobres e doentes. Eles justificam sua pobreza ao indicar a cobiça como um pecado horrível e vindicar que eles desejam mais fazer a vontade de Deus do que ser ricos. Espero que você tenha entendido agora que é impossível fazer a vontade de Deus sem recursos. Essa é a razão pela qual Deus quer que os tenhamos. É em favor da casa do Senhor que buscamos prosperidade (cf. Salmo 122.9). Deus diz muito claramente que se buscarmos seu reino em primeiro lugar, então, ele nos acrescentará todas as outras coisas. Nossa motivação deve ser o que é proveitoso para o Reino ou a riqueza irá nos controlar – não há alternativa.

Vivemos em um país de grandes oportunidades. Os Estados Unidos são uma nação baseada no capitalismo, o qual, por definição, é caracterizado pela propriedade privada, por decisões e investimentos privados, e por competição em um mercado livre. Isso significa que, se você não é próspero, a culpa não é de Deus nem do governo. A oportunidade existe. O problema é que você não optou por se aproveitar disso.

Há muitas razões pelas quais muitas pessoas deixam de escolher a riqueza. Um problema significativo é que todos nós passamos por um sistema educacional que, na verdade, não nos educou. Tornamo-nos intelectuais. Aprendemos fatos e informações, mas não fomos ensinados sobre o que fazer com isso. Não fomos ensinados a pensar.

Ganhar conhecimento é um primeiro passo importante, mas precisamos passar para o entendimento, que é ganhar uma compreensão sobre por que e como as coisas funcionam. Precisamos aprender como os negócios e o dinheiro funcionam. Precisamos aprender o sistema do mundo.

Mas precisamos somar a sabedoria ao conhecimento e ao entendimento. Conhecimento significa que aprendemos as informações para sabermos algo. Entendimento significa que temos compreensão do que sabemos. Sabedoria significa que fazemos aquilo que entendemos que sabemos. Temos de agir, ou jamais alcançaremos o sucesso.

Assim como Abraão, temos de fazer uma escolha. Temos de escolher entre ser abençoados ou amaldiçoados. Temos de sair ou nos afastar do deserto de nosso passado e deixar para trás a linhagem ou a herança da família que nos mantinha na pobreza. Temos de avançar para as promessas de Deus. É uma escolha que temos de fazer. Abrão deveria ser uma bênção para todas as nações. Nós também.

Jesus enviou-nos ao mundo para cumprirmos a mesma tarefa: abençoar outros. Ele disse que nos enviava como ovelhas entre lobos, mas já vimos que o significado de suas palavras aqui é que ele quer que sejamos os primeiros, que cheguemos ao topo. Ele quer que sejamos sábios para aprender como o sistema do mundo funciona a fim de tirarmos vantagem disso e trazermos a riqueza para o Reino para realizar sua obra.

Vimos esse padrão na vida de José. Ele tinha todas as razões para ficar sentado e desistir. Seus irmãos o odiavam. Eles o venderam como escravo. José foi acusado falsamente e terminou na prisão. Contudo, ele tinha a visão de Deus e nunca a perdeu de vista. Ele se destacou em tudo o que fez e, por fim, foi responsável por todo o Egito. Uma pessoa comprometida com um sonho é tudo de que Deus precisa para mudar o mundo. Você precisa ter um sonho, uma visão de sucesso.

Quando subiu ao poder, José preparou-se para o futuro ao acumular grandes estoques de grãos e de comida. Ele comprou por preço baixo e, quando veio a fome, vendeu por um preço mais alto. Esse é o mais básico dos princípios dos negócios. José usou o bom-senso e, quando concluiu sua tarefa, tinha todo o dinheiro, todos os rebanhos e toda a terra do Egito.

O maior inimigo que qualquer um de nós pode enfrentar é o conforto. Ficamos confortáveis quando temos o suficiente, e isso nos impede de ter uma visão real do lugar para onde Deus gostaria de nos levar. Nessa situação, mesmo tendo um sonho, nunca encontraremos tempo de ir atrás dele.

Nunca se sinta confortável no lugar em que está. Isso vai impedi-lo de ser motivado a alcançar as promessas de Deus, vai impedi-lo de ter sempre muito mais.

A grande razão por que buscamos conforto é o medo. Simplesmente ficamos com medo de perder o que temos. No entanto, quando entendemos o processo da riqueza, percebemos que, se perdermos tudo amanhã, poderemos ter tudo de volta no dia seguinte. Não deveria haver esse medo em nós.

Na vida de José vimos também que as bênçãos de Deus e o sucesso não são predeterminados para alguns escolhidos. Só porque você não nasceu rico não significa que não possa alcançar isso. Há um padrão bíblico que vemos com Caim e Abel, com Jacó e Esaú, e com os filhos de José, Manassés e Efraim. A bênção não vai para o primogênito, aquele que estava na posição de recebê-la. Ela vai para aquele que está disposto a fazer as coisas à maneira de Deus. Por isso, não importa onde você tenha começado. Se você estiver disposto, a bênção é para você. Deus olha para o coração.

O processo de adquirir riquezas é realmente muito simples. É uma questão de investimento. Deus quer que você invista em quatro áreas:

1) Invista em você mesmo. Semeie-se para a salvação e para o serviço no Reino. Você terá a colheita de vida eterna, perdão, graça e justiça.

2) Invista no dízimo. Deus pede o dízimo de seus ganhos. É uma maneira de colocar Deus em primeiro lugar. Quando você faz isso em suas finanças, ele diz que repreenderá o devorador. Ele protegerá seus bens. É uma espécie de apólice de seguro.

3) Invista em ofertas. Ofertar abre as comportas dos céus para que a bênção seja derramada. Oferta é uma medida de amor. Você coloca seu tesouro onde seu coração está.

4) Invista na terra. Deus não derrama dinheiro apenas em seu quintal. Você tem de dar-lhe algo para que ele possa abençoar. Pode ser seu negócio, ações, imóveis ou o que for. Mas você tem de investir se quiser que haja crescimento.

Jesus disse que ele veio para salvar "o que" estava perdido, não somente "aqueles" que estavam perdidos. Ele quer reconciliar o mundo todo com seu Reino. Para cumprir isso, temos de começar a investir para que a riqueza do mundo seja reivindicada por meio de nós.

Esse processo significa que não passaremos a ter muita riqueza enquanto não estivermos preparados para tê-la. Davi não começou matando um gigante; primeiro foi um urso, depois um leão e, por fim, ele enfrentou Golias. Não despreze o dia das pequenas coisas. Você tem de começar de algum lugar. Você tem de vencer os pequenos obstáculos antes de enfrentar os grandes.

Como Davi, você precisa primeiro matar o urso da dívida. Você precisa aprender a não comprar com cartão de crédito coisas de que não precisa. Não se afunde em dívidas desnecessárias. Elas vão lhe roubar a semente que você precisa para investir.

Então, você deve matar o leão da vontade. Você deve frear seu desejo por coisas de que não precisa. Uma vez que tenha lidado com o urso e o leão, você estará pronto para encarar o gigante da pobreza, e você vencerá.

Uma das coisas mais importantes que podemos aprender é fazer o que precisamos fazer antes de fazer o que queremos. Temos de aprender a nos disciplinar. Precisamos aprender a transformar o que precisamos fazer naquilo que queremos fazer, e, assim, as coisas se tornam fáceis.

Tudo o que diz respeito ao sucesso, nossa habilidade de fazer escolhas sábias e de aproveitar oportunidades, depende daquilo que está programado em nosso coração. Riqueza é uma reação apropriada a uma oportunidade. Isso significa que, se a riqueza estiver em nós, aproveitaremos as oportunidades para ter riqueza sem hesitação. Se a pobreza estiver em nós, reagiremos de modo pobre e perderemos a oportunidade. O que está em nós é o fator que controla aquilo que está à nossa volta.

Somos corpo, alma e espírito. O corpo é apenas pó e o espírito nasceu de novo. Eles não precisam de nada. É a alma que exige trabalho.

A alma é composta de mente, vontade e emoções. Há também a mente consciente e a inconsciente. É na mente inconsciente, o coração, que todas as nossas reações são programadas. É do coração que brotam as fontes da vida. Essas reações são mais rápidas que pensamentos e que sentimentos. Se quisermos ter sucesso, temos de programar nosso subconsciente para reagir de modo adequado às oportunidades de riqueza. Temos de eliminar os programas errados e substituí-los pela Palavra.

Isso só pode ser feito quando a mente consciente começa a receber a Palavra de Deus. Ela é a parte que guia a mente. Ela determina o que será plantado no subconsciente. É o jardineiro, o semeador. O subconsciente é o jardim. O que semearmos será o que colheremos. Em última análise, nossos erros do passado foram o resultado de termos usado sementes erradas.

Somente a Palavra de Deus pode mudar o que está em nós. É ela que temos de plantar. É o poder da sugestão que semeia e nos dá as reações corretas para as circunstâncias. A Palavra está repleta de sugestões que devemos plantar no coração. Se você não gosta da colheita, mude a semente.

Por entender que a Palavra está repleta de boas sugestões, quero lhe apresentar algumas:

Sugiro que, pelas feridas de Jesus, você seja curado.
Sugiro que Deus deu a seus filhos a habilidade de obter riquezas para seu Reino.
Sugiro que Deus nos enviou alegria para que sejamos felizes e cheios de alegria nesta terra, não importando quais circunstâncias cruzem nosso caminho.
Sugiro que Deus nos dá paz diante dos inimigos, uma paz que excede todo o entendimento.
Sugiro que Deus nos dá amor quando estamos diante do ódio.
Sugiro que Deus nós dá vida para enfrentar doenças, problemas e crises.
Sugiro que ele nos dá um poder vencedor que nos faz mais que vencedores sobre quaisquer situações ou circunstâncias que apareçam em nosso caminho.

Se essas sugestões não estão programadas em seu subconsciente, você precisa fazer uma reprogramação. Comece plantando a semente do *muito mais* e será isso que você terá: muito mais!

Oração de salvação

Do começo ao fim deste livro, falei sobre o desejo de Deus de que você seja abençoado, feliz e saudável. Falei sobre o destino e sobre como você pode alcançar seu propósito. Isso não tem sentido algum, porém, se você não der o primeiro passo. Você precisa fazer de Jesus seu Senhor e Salvador.

É fácil fazer isso. A Bíblia diz que, se você crer no coração e confessar com a boca, será salvo. É uma questão de fé. Se você deseja ter um relacionamento com Jesus agora, faça esta simples oração:

Querido Pai celestial,
perdoe-me por meus pecados.
Entre em meu coração.
Jesus, seja meu Senhor e Salvador.
Obrigado por me dar
nova vida no Senhor.
No nome de Jesus.
Amém.

Impressão e Acabamento:
Geográfica editora